전교 꼴찌 아빠는
전교 1등 아이보다
똑똑하다

전교 꼴찌 아빠는
전교 1등 아이보다
똑똑하다

ⓒ 최지욱, 2025

초판 1쇄 발행 2025년 1월 25일

지은이   최지욱
펴낸이   이기봉
편집   좋은땅 편집팀
펴낸곳   도서출판 좋은땅
주소   서울특별시 마포구 양화로12길 26 지월드빌딩 (서교동 395-7)
전화   02)374-8616~7
팩스   02)374-8614
이메일   gworldbook@naver.com
홈페이지   www.g-world.co.kr

ISBN   979-11-388-3943-3 (03370)

중학교, 고등학교, 대학교 공부의 모든 것

전교 꼴찌 아빠는 전교 1등 아이보다 똑똑하다

최지욱 지음

WHY STUDY?

교육은 경쟁의 측정을 위한 도구가 되어서는 안된다
교육은 삶이 되어야 한다

좋은땅

인트로(들어가는 글)

- 네가 대체 누구길래?(Who are you to teach me?)
  숫자로 하는 자기소개.

책 제목에서 유추한다면, 마치 내가 중학교 아이를 기르고 있는 마흔 넘은 아빠라고 생각할 수도 있겠다. 미안한 말이지만 내 나이는 책을 읽게 될 학생들에게는 사촌이라고 부르기는 조금 많고 삼촌이라고 부르기는 조금 부족한 나이대, 학부모님들에게는 사촌동생뻘이라고 생각한다.

1996년 외환위기가 터지기 전 경제는 활발하지만 아는 사람만 아는 금융시스템의 취약성이라는 위협이 우리나라를 그림자처럼 덮고 있을 무렵, 우리 엄마는 나를 낳아 주셨다. 2024년 책을 쓰고 있는 현재 만 28세의 나이로, 2025년이면 민족의 사학인 연세대학교를 풋풋하게 입학하던 새내기가 강산도 변한다는 10년의 시간이 흘러, 과외업의 대표이자 책의 저자로서 활발하게 활동하게 될 한국 나이로 서른이라는 시기가 다가온다.

불과 한 세대 전만 하더라도 남자 나이 서른이라는 때는 결혼도 하고 애 아빠가 되거나 될 준비를 하는 나이였다. 비록 아이는 없지만, 사촌 중에 막내로 태어나 나이 스펙트럼이 다양한 조카들을 두고 있는 만큼, 책을 읽는 모든 학생을 가족과 같이 생각한다. 독자들이 책을 읽는 모든 시간 동안 공부에 대하여 각자 자신만의 시각과 관점을 지니게 될 소중한 순간이 되길 바라며 책을 편다.

분명 모든 시대에는 위협이 존재하고, 유시민 작가가 한 유명한 말처럼 "각 세대가 각자의 고통의 십자가를 짊어진다."라는 느낌의 표현이 있듯이, 중학생은 중학생대로 고등학생은 또 그 나름대로 힘들다. 시대와 마찬가지로 학업적인 면에서도 "올해는 의대증원 때문에 재수생이 최대로 많대… 성적 따기 어려울 거야." 체념하는 부류의 사람들과 반대로 오 이건 기회잖아? 확정된 의대증원이 있으니 일단 질러 보자고 생각을 하거나 유독 남들이 모르는 노하우로 학교 혹은 모의고사 성적을 더 쉽게 취득하고, 대학을 더 가볍게 합격하는 경우의 부류가 많다.

당신이 학생인데 주변에서 적은 노력으로 좋은 성적을 얻고 좋은 대학에 진학하는 자들을 부러워하는 부류의 사람이라면 이 책을 통해서 기존의 유지해 왔던 공부성향이 완전히 바뀔 것이고, 당신이 그들을 어디 한번 따라 해 보겠다 하는 부류의 사람이라면 역으로 오히려 그들이 당신의 공부법을 눈여겨보며 따라 하게 될 것이며, 당신이 그들의 성과를 비하하거나 못 본 척 무시하는 부류의 사람이었다면 당신의 자존심 회복을 위하여 한 글자 한 글자 정성스럽게 적었으니 그 무시에 대한 근거와 자신감의 날개를 얻게 해 줄 책을 선물한다.

(저자 본인의 과외업 홍보명함)

"교육"이라는 주제에 관하여 20대 청년 사교육자 중에서 본인만큼 열성을 가진 사람은 대한민국에 없다. (공신 강성태 님과 에이닷 현승원 대표의 20대라면 인정한다. 그분들의 창업 전 과정을 살펴보면 정말이지 존경스럽기 때문에.)

2024년 책을 집필하기 위하여 마음을 먹기까지 삶의 과정 속에서 거쳐 온 12명의 대한민국 정상급 교육학 교수진들과의 대화, 8년의 기간 동안 끊임없이 사교육, 개인과외에 종사하며 가르친 수백 명의 학생의 고등입시/대학입시 상담과 컨설팅을 통하여 쌓인 데이터들, 대형 프랜차이즈 학원부터 소형 지방 보습학원까지 함께 일하던 50대 강사부터 22살 대학교 3학년 강사까지 나이 스펙트럼이 광범위한 동료들과의 교육에 대한 심도 있는 논의에 관한 소회를 "교육"이라는 주제로 이 책에 최대한 녹여서, 담아서 적어 본다.

책을 적으며 특별히 책을 펴는 데 전적인 투자를 해 주신 부모님께 감사드리며 교육에 관련하여 담화를 나눠 주신 대학교 교수님들께 감사드린다. 또한 학창 시절 나를 공부의 흐름에서 벗어나지 않고 공부를 혐오하지 않도록 지도해 주신 모든 교사 스승께 감사드린다. 정말이지 스승과 부모님의 도움 없이는 공부가 아닌 어긋난 길로 꺾일 뻔한 경우가 너무 많았다.

대학교 생활을 하면서 시작한 지방대 지인들의 인서울 편입 프로젝트(혹은 지거국 편입 프로젝트)를 주관하면서 많은 대학생들이 지거국(지방 거점 국립)대학교와 중경외시-건동홍 라인까지 가는 것을 지켜봤다. 현재는 개인 사업을 병행하면서 사람과 공부를 너무 좋아하는 성격상 전국 8도의 지방 각지의 대학교들을 돌며 전액장학금을 받으며 원하는 대학생들에게 편입을 무료로 코칭해 주는 활동을 하고 있다.

　새로운 지역에서 대학생활은 참으로 좋은 활동이다. 새로운 전공이나 교양을 배워 나간다는 것 자체로도 기쁜데, 덤으로 나 스스로에게는 인맥 확장이라는 엄청난 이점을 가져다주면서도 코칭을 통한 후배 양성이라는 뿌듯함을 준다. 책을 읽는 당신도 이 순간 나의 인맥이다. 후배라는 표현이 거슬린다면 공부에 대한 생각을 정립한다는 과업을 함께하는 동료라고 해도 좋다. 이제 당신의 학업 성취를 위한, 공부에 대하여 탐구를 도와줄 동료와 함께 이야기를 나눠 보자.

- 이 책은 누가, 왜 읽으라는 건데?(Whom and Why to read?)

책은 공부, 주제는 누구나 유추 가능하겠지만 당연히 교육을 위한 책이다. 비록 몇 년의 시간을 사교육에 몸담던 사람이더라도 절대 사교육에만 치우치지 않았고, 반대로 공교육 정상화를 지향하지도 않는다. 목표 대상 독자는 중학생과 그 학부모이지만 대학 관련 이야기도 많이 있으니 사실상 독자의 한계는 없다.

MZ세대인 30대가 대기업을 퇴사하고 두 번째 전공을 찾아 대학에 재입학하는 경우가 많아졌다고 하던데, 따라서 이 책의 독자의 범위는 시간이 지날수록 늘어날 가능성도 있겠다. 책은 최대한 읽기 쉽게 적었다. 본인은 책을 정말 좋아해서 어릴 적부터 책을 많이 읽곤 했는데 특별히 2020년 코로나가 창궐하고 나서부터 집 근처 도서관에 가는 것이 습관이 되었고, 2020년부터 현재까지 발췌독을 하면서 읽은 책만 세어 보더라도 아마 2000권은 족히 넘을 것이다.

그만큼 많이 읽어 봤으니까 어떤 책이 읽고 싶어지는 책인지, 어떤 책이 읽자마자 덮어 버리고 싶은지 잘 안다는 말이기도 하다. 책을 적으면서 인생의 첫 책을 내는 만큼 몇 번을 다시 읽어 보고 고쳤는지 모르겠다. 다만 내가 읽어 본 수천 권의 책 중에서 이 책이 저평가되는 일은 없을 것이라는 확신은 있다.

솔직히 세상에 책은 정말 많다. 아니 너무 많다. 세상에 책을 낸 사람도 셀 수 없이 많을 것이다. 아마 교육 관련하여 공부 관련하여 책을 낸 사람도 많고 그중 대다수의 책은 베스트셀러가 되지 못하고 아무도 읽지 않는 구석에 몇 달간 방치되다가 폐기될 것이다.

내 책도 그리되지 않으리라는 보장은 없다. 잘 알고 있다. 그래서 애초에 나는 내가 아는 것을 모두 담아서 열심히 써 보려고 했다. 시중에 판매되는 교육 관련 도서나 수능만점자의 혹은 의대생의 공부 관련 비법 등을 담은 책을 수십 권을 읽어 봤다. 대다수가 자기주도 학습의 중요성을 강조하고, 기출문제를 지독하게 풀다 보면 노력은 배신을 하지 않는다고 하거나, 정신 멘탈 관리와 슬럼프를 빠르게 극복하는 회복탄력성 등에 관하여 이야기를 하는 책들이다.

하지만 정작 그들의 책을 읽어 보면 왜? 공부를 해야 하는지에 대한 고민이나 연구는 없었다. 애초에 그들은 공부를 그냥 무조건 해야 하는 것으로 당연히 생각하고 시작했던 것 같다. 그런 책은 공부에 진심으로 고민이고 걱정인 학생들에게는 그저 성적이 가파르게 오른 그 사세(그들이 사는 세상), 넘사벽 어나더레벨의 사람이 쓴 자기 자랑으로밖에 보이지 않을 것이라 생각했다. 나는 자기 자랑보다는 책을 통해서 공부에 관하여, 대학 진학에 관하여, 성적과 시험에 관하여, 고민인 당신과 진짜 공부에 대하여 함께 탐구하고 싶다. 진심이다.

제목을 보면서 한숨부터 쉬는 사람들도 있을 것이다. 이해한다. 제목을 이렇게 한 것은 최대한 많은 사람들이 내 말을 경청해 줬으면 해서다. 혼자만의 작품으로 집에 전시하고 싶었다면 대충 '공부 왜 하는지 찾아볼까? 렛츠고'처럼 했을 것이다. 책을 쓰고 이 책을 많은 사람들이 읽었으면 바라는 이유는 단 한 가지다. 모두가 각자의 인생의 '1등'이 되어서 훗날 나보다 더 많은 것을 누리고 배우게 될 미래 세대의 양성을 할 때, 우리 부모님의 세대보다 우리가 더 편하게 공부하고, 꿈을 꾸고, 공부 자체에 있어서 계층의 벽을 그들만큼은 느끼지 않은 것처럼, 미래 세대에게 더 좋은 환경과 교육에 대한 스트레스를 받지 않는 진정한 성장을 경험하는 날이 오길 바라는 것이다.

그런 날이 온다면 책의 제목은 등수를 적을 필요가 없기 때문에 '아이였던 아빠는 지금도 행복하다'가 되지 않을까. 등수가 없는 날은 우리가 만들어 낼 수 있다. 모두가 각자 인생에서 1등이 되면 된다. 말도 안 된다고 생각할 수 있지만 분명 시도해 볼 만한 과업이다. 당신은 당신의 인생에서 1등으로 살고 있는가? 당신은 당신의 삶의 주인공이 되고 싶지 않은가? 그렇다면 나와 함께 생각을 확장시켜 보자.

물론 책은 긍정적인 부분만 담지는 않을 것이다. 교육 현실에 대한 비판의 시점도 분명히 존재한다. 하지만 나의 취지는 이 모든 내용이 교육을 교육답게, 그리하여 교육에 의한 행복을 추구하도록 하는 방향임을 이해하고 읽는다면 도움이 될 것이다. 분명히 경쟁이 아닌 성장을 위한 교육을 추구하겠다고 내가 중학교 시절(지금으로부터 14년 전)부터 교육계와 학교에서 이야기한 것 같은데 여전히 학교교육은 경쟁의 구도다. 아마 시간이 조금 더 지날 때까지도 여전히 학교는 경쟁의 구도를 지닐 것이다. 평가방식은 9등급제에서 ABCDE 5등급제로 완화된 것처럼 보이겠지만 여전히 실력에 따른 차별은 존재할 것이다.

고등학교 2학년 시절 방탄소년단의 N.O라는 노래를 들은 적이 있다. 가사 중에 좋은 집과 비싼 차를 얻으면 행복해질 수 있을지, 인서울을 하면 부모님께서 과연 행복해질 수 있을지에 대한 질문을 했던 노래 가사가 생각난다. - (방탄소년단 N.O(2013)) 당시 이 노래를 처음 들었을 때 반항적인 가사가 인상적이었는데 오랜만에 뮤비를 보니 멤버들의 화장법, 특히 눈 화장법이 정말 인상적인 것 같다. 공부를 열심히 해서 좋은 집 좋은 차를 사고 인서울을 하면 과연 행복해질까?

교육에 관한 많은 전문가분들의 비유와 설명이 있다. 전문가가 아닌 나로서는 30년이 채 안 되는 얕은 인생 경험과 8-9년이라는 교육자로서의 경험에 비추어 봤을 때에 멋들어진 표현은 아직까지는 어려운 것 같다. 나는 교육을 먹을 것이 많이 차려진 결혼식 뷔페라고 생각한다. 어린 시절 학생일 때는 축의금(비용) 없이 격식(사회의 규범, 체계

화된 제도) 없이 내가 먹고 싶은 것만 편식해서 계속 먹어도, 혹은 아무것도 먹지 않고 스마트폰만 들여다봐도 문제가 없었다.

축의금을 낼 나이가 되면, 비용에 예민한 사람은 축의금의 값만큼 욕심을 부려서 먹으려는 사람도 생기고, 자신이 뷔페를 많이 못 먹어서 아쉬운 마음에 자녀들을 세 명까지 데리고 가서 왕창 먹는 사람도 생기고, 나이가 많아 욕심이 사라져서 음식을 씹어 먹을 수 있는 것에 감사하며 드시는 어르신도 생기고 혹은 아주 자산이나 마음씨가 넉넉한 사람의 결혼식 뷔페는 축의금을 받지 않고 참석해 준 모두에게 무료 식사를 제공해 주는 사람도 있는 법이다. 여러 명의 결혼식이 한 날짜에 잡혔을 때는 가까운 지인 순서가 아니라면 후기를 살펴보면서 더 맛있는 음식을 제공하는 결혼식을 우선 참석하게 되는 경우가 많다.

의무교육을 받고 있는 초등학생과 중학교 학생들에게 전하고 싶은 말은, 아무리 부모님의 강요로 반강제로 끌려온 뷔페라 하더라도 아무것도 먹지 않는 사람은 되지 말라는 것이다. 지금 먹지 않으면 나중에는 돈을 내서 먹게 되고, 먹어 보지 않으면, 그러니까 공부라는 걸 이것저것 시도해 보지 않으면 내가 좋아하는 음식이 어떤 건지도 모르게 된다.

비유를 해석해 주자면 나중에 내가 잘하는 과목이 뭔지 파악을 못한다는 말이다. 소화력이 좋을 때는 배탈이 나더라도 금방 낫지만 나이가 들어 소화력이 떨어지거나 잃을 것이 많아지면 쉽사리 새로운 것에 도전을 하지 못하게 된다. 기회가 있을 때에 여러 개를 경험해 보는 것이 중요하다.

학부모 어른들에게 하고 싶은 말은, 이끌려 온 아이들에게 강제로 먹이지 말라는 걸 강조하고 싶다. 내가 내는 학원비가 아까워서, 혹은 내가 어렸을 때 공부를 안 해서 지금 고생하는 것 같아서 아이를 위해서 강제한다는 핑계로 자녀를 공부와 더 멀어지게 하지 말라고 말씀드리고 싶다. 자식은 부모의 거울이라는 말이 있지만 자식의 행동을 보고 부모가 깨우치라는 뜻이지 절대 부모인 나 자신이라고 투영하여 마리오네트처럼 조종하라는 말이 아니다.

내가 20대 청년교육자 중에서 가장 최고라고 자부하는 이유에 대한 답은 결국 교육이라는 뷔페를 대하는 내 태도 때문이다. 본문에서 많이 서술하겠지만 나는 공짜 뷔페인 교육을 먹고 싶은 만큼 담아서 살찌지 않게 배부를 만큼, 그러니까 소화시킬 만큼 먹는 법을 누구보다 잘 알고 있다. 아무리 그릇이 크더라도 담지 않으면 소용이 없고, 아무리 많이 담아도 섭취하지 않는다면 쓸모가 없다.

이제 책을 읽으면서 교육에 대하여, 공부에 대하여 살펴보도록 하

자. 이 책은 당신이 교육의 뷔페에서 소화시킬 소화제가 될 것이고 어쩌면 그릇 자체가 될 수도 있겠다. 자, 이제 내 삶에서 유일하면서도 독창적인 1등이 되고 공짜 뷔페를 마음껏 즐길 준비가 되었으리라 믿는다. 자 이제 진짜 시작한다. 가 보자.

목　차

하편 **공부에 관한 이 책 활용법.**

공부하는
이유?

공부를 대체 왜 하는 것일까?
(사실 아무도 그 이유는 몰라 그냥 한대.)

　과외업이든 학원강사든 학교의 방과 후 수업이든 교육봉사를 가든 간에 학생들은 항상 묻는다. "근데 공부를 왜 해야 돼요?" 왜냐고? 사실 나도 잘 모르겠다. 그래서 책을 쓰면서 찾아보려고 한다. 나 역시 공부를 왜 하는지도 모르고 습관처럼 공부해서 대학교에 진학했고, 대학에서는 이걸 왜 내가 중고등학생들에게 가르치는지도 모르고 학원강사로 일하며 가르쳤다. 당연히 왜라는 이 물음에 관한 이유를 알려 줄 수가 없는 것이다.

　이런 질문을 처음 들어 본 건 학원가에서 일할 때, 중3 영어반 아이들에게 단어시험을 점검할 때였는데, 참 미안하지만 그때 조교였던 나는 학생들에게 그런 거 물어볼 시간에 단어 하나 더 외우라고 한마디 했던 기억이 난다. 스물한 살 때부터 지금까지 9년 동안 이 질문을 들을 때마다 대답보다는 역으로 내가 허공을 주시하며 질문하게 된다. 그러게 대체 이게 뭐에 필요한 걸까?

* 내가 공부하는 이유가 무엇인가? 공부하는 이유에 대하여 3가지만 적어 보자.

    1._____

    2._____

    3._____

얘네가 사회과목을 배우고 영어단어와 문법 숙어 등을 외우는 게 1회고사와 수능을 준비하는 거 말고 인생에 과연 필요나 할까? 나중에 필요 없다고 생각하면 시험은 왜 보는 것이고 수능이라는 건 왜 만들어서 애들을 고생시킬까, 대학을 가기 위해서? 대학을 가면 인생이 풀릴까? 몇백만 원의 등록금을 내 가면서 대학을 가는 이유는 뭘까.

책을 쓰기로 다짐하고 명절에 아버지께 여쭤봤다. 어릴 적 아버지는 내게 공부 열심히 하라고 얼굴 마주칠 때마다 이야기하셨기 때문에 혹 아주 창의적인 이유라도 알고 계신가 궁금했기 때문이다. 우리 아버지는 대학교를 스스로 일을 하면서 학비를 마련해서 다니셨고 학창 시절에도 시골에 거주하셔서 산을 넘어 학교를 다니셨던 분이다. 그런 분은 분명히 공부를 하는 자신만의 아주 독특한 이유가 있을 것이라 생각했다. 한편으로는 아버지 세대의 무뚝뚝함이 있으니까 기대하지 않고 툭 뱉듯이 여쭤보았다.

　* 지금 당장 책을 잠시 멈추고 부모님께 여쭤보자. 공부를 왜 해야 하는지. 학부모라면 스스로 생각해 보자. 부모님이 내게 공부는 왜 하라고 하셨는지.

　결론은 좋은 직장에 가기 위해서라고 말씀해 주셨는데, 기대하지 않고 물어봐서 다행이라 느꼈다. 누군가는 이 대답을 참으로 고리타분하다고 생각할 수도 있다. 좋은 직장에 가기 위해서라는 신념으로 열심히 공부를 하셨던 베이비부머 세대의 인생 선배들이 참으로 대단하다고 생각한다. 반면에 요즘 아이들은, 적어도 내가 가르쳤던 애들의 대다수는 공부하는 이유를 좋게 포장해서 이야기해 줘도 시큰둥하거나 그 말에 되레 반박하면서 그럴 필요 없다 건물주 아들이거나 돈이 많으면 된다 유튜버 하면 된다는 대답으로 받아치기 때문이다.

　그만큼 요즘 학교에서 교사로서 공부과목을 가르치는 것도, 2020년 이후의 중고등학생 학부모로 지내는 분들도 참으로 대단하고 또 존경스럽다. 지금은 좋은 직장을 얻기 위해서라는 말만으로는 공부하는 길로 이끌 수 없다. 분명한 이유를 찾아봐야 한다고 생각했다.

우등생의 특징?

사실 공부를 잘한다, 성적이 좋다고 칭함을 받는 학생들을 살펴보면 쉽게 말해서 잡생각 없이 몰입이라는 것을 잘한다고 할 수 있다. 주변을 살펴보자. 학생이라면 반 1등 친구가 어떻게 공부하는지 하루 정도 시간을 투자해서 주시해 보자. 학부모라면 공부 잘하는 학생이 엉덩이 살이 썩을 정도로 오래 앉아 있는 게 몇 시간이나 집중해서 앉아 있을 수 있는지 우리 아이와 비교해서 얼마나 오래 버티는지 학부모 모임에서 우등생 부모에게 물어보길 바란다.

1등인 이들에게는 어떻게 보면 공부를 해야 하는 이유 같은 건 애초에 없는 것일지도 모른다. 김연아의 인터뷰를 방송으로 직접 본 충격이 아직도 생생한데, 다큐멘터리에서 취재진이 선수 시절 김연아에게 연습할 때 무슨 생각으로 하냐는 질문에 무슨 생각을 해 그냥 하는 거지라는 대답을 한 것과 같은 맥락일 수도 있겠다. 하물며 세상 대부분의 분야에서 1등, 0.01프로의 인재들은 몰두하는 것, 몰입하는 것의 힘을 강조하며 이유는 찾지 말고 그냥 해라, 스포츠 브랜드의 그냥 해라 정신(Just Do)을 강조하는 경향이 있다. 산이 있으니 오르고, 날씨가 좋으니 하는 사진을 찍는 것처럼 삶 속에 패시브로 내재된 삶의 양식인 셈이다.

우리가 흔히 아는 공붓벌레(옛날 우등생st)는 SNS도 안 하고 유튜브도 안 보고 게임 안 하고 엉덩이 까매지도록 책상 의자에 앉아서 집중해서 공부하는 학생이다. 물론 당연한 정답이다. 적어도 내가 가르쳐서 SNU(서울대학교)에 간 학생들은 전형적인 모범생, 우등생의 표본이었으니까. 서울대학교에 작년까지 여러 행사와 강연을 참여하고 듣기 위해서 꾸준히 방문하곤 했는데, 한 캠프에서 서울대 24학번 동생 중에 우등생의 이미지를 벗어난(몰입해서 하는 것이 아니라 자기가 공부를 해야 하는 뚜렷한 목표를 갖고 있는) 한 친구를 알게 되었다. 편의상 동생을 친구로 칭하겠다.

친구의 키는 164센티 깡마른 체형에 악성 곱슬머리라고 스스로 자책할 정도로 곱슬머리와 목과 이마 그리고 볼에 여러 군데 나 있는 여드름 피부에 녹이 슨 동글이 안경을 쓴 모습이었다. 미리 말하지만 외형 묘사를 한 이유는 절대 이 친구를 비하하기 위한 목적이 아님을 밝힌다. 공부의 이유에 관련해 외모묘사가 필요했을 뿐이다.

* 당신은 자기 자신만의 낮은 자존감의 원천인 콤플렉스라는 게 있는가?

친구는 고교 시절 눈 뒤집힐 정도로 공부한 이유로 자신의 낮은 자존감을 극복할 수 있는 유일한 수단이 공부뿐이었기 때문이라고 말했다. 누구나 한 번씩 중고등학교 때 연애하거나 최소한 고백을 받아 보거나 고백을 해 본 경험쯤은 있다. 친구 말로는, 자신은 한 번도 고백을 해 볼 용기조차 내 본 적이 없다고 한다. 중학교 때까지 아웃사이더 소위 아싸로 존재감 없는 삶을 살았다고 한다.

남들이 단점을 가지고 욕하고 괴롭힐 정도의 불운은 아니었지만 스스로가 낮아진 자아 효능감 때문에 힘들었기에, 키울 수 있던 유일한 장점인 공부 잘하는 걸로 무려 서울대학교에 진학하여(시스템공학 계열) 학교생활을 하던 이 친구는 최근 군 휴학과 재수 중에서 고민하다가 의대증원 이슈를 보고 자퇴를 결심했다고 밝혔다. 실제로 뉴스를 보더라도 명문대를 휴학하고 재수 N수를 준비하는 대학생들이 올해 유독 많아졌는데 그 이유 중 대표적인 것이 의대증원이라는 말이 많다.

* 서울대학교에 진학하거나 의대에 들어가면 과연 인생이 풀릴까?

이 친구와의 대화에서 깨달은 점이 참으로 많은데 그중에 하나의 사례를 살펴보자면, 친구가 해 준 말이 기억에 남아 적어 본다. 이 친구가 서울대학교에 진학하여 알게 된 점은, 최상위권 대학에서는 모두가 동일한 실력을 기본기로 갖추고 대학에 모이기 때문에 특별해지거나 눈에 띄기 위해서는, 그러니까 이 집단에서 성취라는 걸 보이기 위해서는 공부 이외의 것도 잘해야 한다는 것이다.

고교 시절까지 친구는 유일한 장점인 일반계 고교 전교 1등의 타이틀을 갖고 있었다. 자신의 외모 콤플렉스를 덮기 위하여 시작한 공부라는 도피처가 어느덧 자신을 이야기해 주는 명함이 되었고 명함에 적힌 이름은 "전교 1등"이었을 테니까. 하지만 전교 1등들이 전국 각지에서 모이는 곳에서 문득 거울을 봤을 때, 다시 초라했던 중학교 때의 자신의 모습이 그려졌다고 말했다. 표면적으로는 의대증원 때문에 SNU를 떠나는 듯싶지만 개인적으로는 자존감 하락을 막기 위하여 더 큰 목표를 정해 여정을 떠났지 싶었다.

유한한 경쟁사회 대한민국.

아까 하던 얘기로 잠시 돌아가 보자. 시험은 왜 보고 수능은 왜 치러야 하는지에 대하여 고민해 보자. 단순하게 좋은 대학 가서 좋은 직장 가지려고의 이유 말고, 왜 공부하는 시스템에 당신이 자리 잡고(그게 자의든 타의든 간에) 참여하고 있냐는 말이다. 왜? 한 번이라도 고민해 본 적이 있는가? **결국 그 이유는 이 세상이 유한한 경쟁사회이기 때문이다.** 앞서 서울대 친구가 자신의 유일한 장점을 최상위권 학교에서 발휘하지 못한 것은, 시험공부 외에 외모 관리나 인맥 공부, 멘탈 관리 등을 못해서 경쟁에서 뒤처졌다고 볼 수 있다.

나는 이 세상이 유한한 경쟁사회임을 대학교 시절 깨달았다. 태어날 때부터 계급을 정해 놓는 수저론이 대세이던 시절, 금수저의 어중간한 집안에 살아도 여전히 다이아수저가 맘 편히 소유하는 색깔별로 모아놓은 프라다 백팩이나 람보르기니를 가질 수는 없었다. 소형차를 끌고 다니는 금수저들을 부러워하던 자칭 흙수저 지하철 버스 뚜벅이들도 많았겠지만, 아무리 금수저 대학생이라 한들 다이아로의 계층이동이 없다면 그들의 한계는 중고 벤츠 C클래스로 유한한 것이었다.

무소유를 소유하는 것이라...

대학교를 졸업하자마자 인생에 대하여 회의감을 느꼈던 나는, 코로나 시절 무소유에 도달하기 위하여 무엇을 해야 할까 많이 연구했다. 무소유의 정신이야말로 경쟁사회에서의 스트레스를 극복할 열쇠라고 생각했기 때문에, 많은 책을 읽고 강연 영상을 하루 다섯 시간씩 보면서 이면지에 빼곡히 글을 써 가며 생각했다. **당시 나의 결론은 무소유를 위해서는 평균 이상의 소유를 맛보고 그것에 질려야 한다는 것이었다.** 그 직후 내가 했던 행동이 무엇인지 유추할 수 있을까?

경험이 결국 남는 것이라고 생각한 나는 로또에 당첨되더라도 이루지 못할 목표들을 겉핥기라도 맛보기 위하여 경험주의의 삶을 담대하게 시행했다. 1천만 원 이하의 자동차부터 7억 원에 이르는 고급 외제차까지 전국 각지의 딜러들에게 솔직한 얘기로 차를 체험해 보고 싶다고 전화해서 250종의 차량을 시승해 보고, 명품 매장에 들러 명품에 대하여 공부하고 실제로 명품을 빌려주는 어플에서 일주일씩 롤렉스 브라이틀링 IWC 등의 브랜드를 빌려서 착용하고 다녔다.

일전에 기안84님이 무소유를 소유하려고 하는 태도도 버려야 한다는 말이 생각났다. 무소유라는 것을 마치 나의 자랑인 것처럼 대하던 나에게는 무소유를 실천한다는 그 마음가짐이 누구보다 소유욕을 드러낸다는 명언이 뇌리에 스쳤던 순간이다.

포르쉐를 밥 먹듯이 타고, 롤렉스를 추리닝에 입고 다니는 것을 주변에 보여 주니 반응은 두 가지였다. 부럽다, 아무리 공짜로 시승해 보고 적은 돈으로 명품을 빌려서 하는 거라고 해도 그런 생각 자체를 할 수 있는 게 신기하다는 반응과, 너는 너가 소유할 것도 아니면서 살 것도 아니면서 뭔 욕심을 이리 부리고 사냐라는 부정적인 반응이다. 부정적인 반응을 하는 분들에게 내가 해 줄 수 있는 말은, 나는 이걸 단지 허세를 위해서 한 게 아니라는 것이다. 모든 경험의 이유는 결국 경험주의라는 무기로, 과연 소유욕과 경쟁사회에서의 스트레스를 타파할 수 있는지 파악하고 싶어서로 다다른다.

나 스스로 실험을 한 결과 적어도 나에게는 이 경험주의가 무소유의 삶으로 이끌어 주기 충분했다. 시험은 왜 보는 거고 수능은 왜 치르냐는 질문에 더 이상 그 이유가 좋은 직장을 얻어 많은 돈을 벌고 비싸고 좋은 것을 많이 누리기 위해서라고 생각하지 않게 되었다. 시대가 변했고, 누구나 푼돈만 있다면 명품을 걸칠 수 있고, 누구나 사고 내지 않을 용기만 있다면 포람페벤애마(포르쉐 람보르기니 페라리 벤틀리 애스턴마틴 마세라티)를 타 볼 수 있다.

인간의 기억력은 생각보다 짧다.

학원에서 중학생들을 가르칠 때에(중학생들은 궁금한 것이 참 많아서 좋다) 한 학생이 물었다. "쌤, 쌤은 저희 가르치려고 공부하세요?" 나는 당연하다고 대답했다. 내가 강사로서 공부하면서 가르치는 학생들이 그로 인해 성적이 오르면, 그로 인해 좋은 학교에 진학하면 원장이 나를 바라보는 시선이 좋아지고, 시선은 결국 임금향상으로 그리고 더 많은 학생들을 가르칠 수 있는 기회를 제공한다. 그렇게 우리는 스물네 살 때의 저자가 왜 공부를 했는지에 대하여 알게 되었다.

그 질문 바로 다음에 학생이 다시 물어보기를 "쌤은 예전에 공부 잘했으니까 책 같은 거 다시 안 봐도 되지 않아요?"라고 물어보는 것이었다. 나는 그 학생에게 대학교 교재를 보여 주며 대학교의 내용도 중학교 사회 영어 과학과 별반 다를 것이 없다는 것을 보여 줬다. 더 어려운 내용을 배우는 것도 아니니까 예전에 몇 년 전에 배운 내용은 당연히 까먹을 수 있다고, 그래서 다시 공부하는 거라고 말했다.

대학 영어를 풀어 보며 정답을 맞혀서 싱글벙글 룰루랄라 열여섯 살짜리에게 당시에 내 행동이 도움을 줬는지 아니면 대학 뭐 별거 없다고 환상을 깼는지는 아직까지도 잘 모르겠다.

돈과 연애 때문에 공부하는 사람.

시험을 준비하는 중고등학생이 아닌 강사였던 내가, 대학생인 내가 중학교 내용을 열심히 공부하는 것이 일단 돈 때문이라는 이유를 찾았다. 그렇다면 이것이 경쟁사회와도 연관이 있을까? 나는 과외업을 하기 전 학원에서 수년간 일을 했고, 학원의 조교로서 첫 출근을 하기 전까지 야간 편의점과 대형마트 생수 진열, 그리고 전단지 알바를 전전하는 지극히 평범한 스무 살이었다.

학원 전단지를 나눠 주던 중 학교 정문 앞에서 함께 학원 홍보노트를 나누던 강사에게 호감이 생겨서 조교로 일하게 되었고, 경쟁사회 속 계단을 오르내리며 책을 쓰는 지금 이 시간까지 지나왔다. (참고로 호감이 꼭 연애로 이어지지는 않는다. 당시 그 강사분은 연애 중이었다.)

학원에서 일하기 위해서 나는 공부해야만 했다. 1년이 넘는 시간 동안 까맣게 잊어버린 학창 시절의 교재들을 보면서 단어를 외우고, 해석하고, 글씨를 예쁘게 쓰기 위하여 시키지 않는 깜지를 몇 장씩 써 가면서 일주일에 제브라 삼색펜을 네 개씩 버려야만 했다. 남들이 내가 적은 것을 보는 것이 싫어서 중고거래로 수동 파쇄기를 구입하여 다섯 장이 쌓일 때마다 파쇄해 버리느라 애먹었던 기억이 있다.

학원이라는 직장 특성상 남교사보다 여자교사가 많다는 것은 누구나 공감할 것이다. 당장 교육대학교의 성비도 여자가 60프로 이상이고 학교 선생님들 중에서도 여자 선생님이 수적 우위를 지니기 때문이다. 나는 여초 회사에서 일하기 위한 방법들을 고민해야 했고, 학생들과 친하게 지내면서도, 선생으로서 강사로서 최소한의 수업권은 지키는 방법들을 연구했다.

당시 학원 전단지 알바를 지원하지 않았다면 나는 현재 내 삶을 살고 있지 않았을 거라 생각하면 아찔하다. 학원에서 살아남기 위해, 얼마 뒤 받을 월급을 늘리기 위해, 그리고 가르칠 때 수업 듣는 애들이 한겨울 난방에 졸고 있는 모습을 보지 않기 위해서 난 공부했다. 남자 쌤이라 남자애들만 좋아하지 여자애들은 불편해해요라는 얘기를 절대 듣고 싶지 않아서, 지웅선생님 애들 통제가 안 되시는 거 같아요라는 말을 듣기 싫어서, 결국 학원이라는 작은 경쟁사회에서 살아남고 성공해 보고 싶어서 공부했다.

공부하는 이유.

어른이 된 이후가 "공부 왜 하세요?"라는 질문에 답하기는 더 쉬운 것 같다. 고리타분한 답변이든 기발한 발상의 답이든 간에 최소한 그 이유라는 게 있기 때문이다. 고3까지도 "대학"이라는 단어 하나로 공부하는 이유를 얘기할 수 있으니 참 좋다. 그렇다면 중학생들은? 중학생들은 대체 왜 공부해야 할까? 초딩들은 엄마가 시켜서요~라는 대답을 쉽게 하지만 중학생은 몸도 정신도 성인의 80프로 가까이 성장했는데(간혹 중학생보다 철이 없는 어른도 많다) 엄마가 시켜서요라고 이야기하기에는 좀 그렇지 않은가...?

특히 이 중학교 2학년 애들은 공부하는 이유를 집요하게 물어본다. 그럴 때마다 난 그들에게 대답을 하는 것이 아니라 역으로 왜 공부해야 하는 거냐고 묻는다. 당연히 물어보면 그들도 그들 나름대로 시험을 잘 봐야 나중에 좋을 거라면서 이야기하지만 이는 결국 시험을 왜 잘 봐야 하는가라는 질문으로 귀결된다.

내가 질문에 대한 답 대신 역으로 그들에게 질문하는 것은 대답 평가 기준이 굉장히 까다로운 학생들은 자칫 내가 잘못 대답해 주면 공부를 놔 버리는 이유를 대답자인 나에게서 찾기도 했기 때문이다. 학원에서 경력이 부족할 때에 그러니까 내가 대학생 강사이던 시절에, 강의를 한번 들어가면 말이다... 사춘기와 대학교 사망년(3학년)이 수업시간에 공부에 대한 토의를 거치고 나면 중학교 아이들이 쌤은 우리를 이해 못한다면서 나 때문에 학원 그만둔다고 원장쌤한테 쏙 일러바치고 떠난 경험도 있었다.

여기서 대학생 강사가 경력이 부족하다고 굳이 언급한 이유는 뒤쪽 챕터에서 언급할 학원과 학원강사 고르는 법 꿀팁으로 알려 줄 정보를 위한 것인데 미리 말하자면 경력이라는 게 꼭 잘 가르친다의 개념보다는 학생들이, '수업을 잘 가르쳐도 싫어하는 쌤의 특성'이 있다는 걸 깨달았기 때문이다. 그건 노력에 따라 고쳐지긴 하지만 대학생들은 쉽사리 고쳐지지 않는다. 뒤의 내용이 궁금하다면 계속 읽기를 바란다.

* 학생이라면 내가 좋아하는 선생님의 특징은 무엇이 있는지 생각해 보자.

나는 돈이 좋아. 자랑하는 것도 너무 좋아!

동료 학원강사와 이야기할 때마다 중학교 반은 시간당 임금도 적고 까다로워서 차라리 고3반이 낫다고 하는 강사들이 많았다. 중학교 내용이 더 쉽다고 하더라도 가르치는 커리큘럼은 비슷하고, 단어를 외우는 걸 어려워한다면 쉬운 단어를 배우는 중학생이든 어려운 단어를 하는 수험생이든 동일하게 힘을 써야 하기 때문이다. 노력 대비 단가가 낮아서 중학교 반을 기피하는 강사들이 많은 덕분에 다 내가 맡았다. 그때의 경험이 이 책을 쓰게 된 이유이기도 하며 이 책에서 서술할 내용의 많은 부분을 도와줬다.

중학생 반을 가르치면서 잘한 것도 많지만 대표적으로 기억나는 실수들이 있다. 내가 저지른 실수는 다음과 같았다. **첫째, 공부 자체가 싫은 아이들에게 공부가 재미있는 이유를 가르치려고 했다.** 한약을, 그 쓴 한약을 달다고 이야기해 봐야 맛이 달라질까...? 차라리 먹으면 몸 어딘가가 튼튼해지고 히어로처럼 세진다고 말하는 게 효과적이다. 책을 쓰면서도 최대한 내 학창 시절 업적이나 성적에 관하여 적지 않도록 쓸 때마다 이마를 쳐 가면서 주의하고 있다.

책에 나온 모든 사진자료의 성적들은 내 것이지만, 글에서는 최대한 쓰지 않도록 조심하려고 한다. "쌤 공부하기 싫어요 너무 싫어요"

라고 이야기하는 학생들에게 공감, 그러니까 공부해야 하는 이유를 같이 찾기보다는, 공부를 하면 얼마나 재밌는지 아냐?라는 말을 자기 자랑 하듯, 마치 영웅설화를 전하듯, 듣기 싫은 고전 전래 동화를 들려주고 수업을 진행하면 강의실의 학생들이 반은 졸거나 표정이 썩어 있었다.

썩어 있었다고 말을 할 수 있는 이유는 차라리 말을 듣지 않는다면 허공을 주시하거나 책상 아래를 봤을 아이들이 뚫어지게 내 얼굴을 쳐다보면서 멍한 표정을 지었기 때문이다.

지금은 학생의 입장에서 공감하면서 수업을 차근차근 진행하지만 그때는 나도 어렸기 때문에 동생 같은 학생들에게 으쓱대고 싶은 마음도 있었을 것이다. 그만큼 우리가 믿는 선생님들도 학생인 당신에게 공부하는 이유와 즐겁게 공부하는 방법을 알려주지는 못한다. 하지만 분명히 우리가 공부를 즐겁게 할 수 있는 방법이라는 건 있을 것이다. 자기자랑 말고 강제학습 말고 학생 스스로가 이유를 찾는 게 이 책의 목적임을 잊지 말자. 계속 읽다 보면 방법을 찾게 된다.

두 번째 실수는 당장의 보상이 아닌 먼 미래의 성공을 위해 공부해야 한다고 말했다는 것이다. 대다수의 어른들(학교 선생님들뿐만 아니라 학원강사, 부모님, 명절 때 찾는 어른들 등등)이 하는 말실수이기도 하다. 나 같은 MZ도 이들이 먼 미래를 위해 노오력해라 하면 꼰대라고 생각하는데 자라나는 새싹들이 오죽할까? 많은 부모님들의 행동을 생각해 볼까.

유치원 영어 교실에서 한 아이의 엄마가 공부하기 싫어하는 딸아이에게 대학 가려면 영어 열심히 해야지!라고 말하지 않는다. 주변에 누군가가 이런다면 분명히 미쳤다 생각할 거다. 초등 5학년에게도 공부하면 게임하게 해 줄게 한 시간만 해 보자라고 다독인다. 근데 왜 불과 초5에서 3년도 안 지난 아이들에게 공부하라고 닦달하고 "너 나중에 대학 못 가 이렇게 하면" 이런 얘기를 하는 걸까.

많은 부모님들이 아이들과 공부 문제로 싸울 때에, 애들이 중2병에 걸린 건지 평소에 안 하던 말대꾸를 한다고 하는데 애들 입장에서는 엄마가 평소에 안 하던 잔소리를 올해부터 신나게 해서 그런 거다. 혹시 학부모라면 아이에게 공부에 관련한 잔소리를 너무 많이 하고 있지 않은지 점검해 보자.

녹아 버린 마시멜로우.

먼 미래의 이야기, 대학을 좋은 곳 간다는 것도 애들의 보상회로를 자극할 만한 것인지는 알 수 없다. 지금 학생을 가르치는 선생님 세대에 많이 읽은 책 중에 《마시멜로 이야기》라는 책이 있다.[1] 교육학 잡지에서, 이 책을 읽고 느낀 점을 기술한 비평문을 읽었는데 책에서 당장의 유혹과 이득을 참은 아이가 더 좋다고 하는 이유를 모르겠다고 한 내용이었다.

어릴 적 초등학교 때에 내가 이 책을 읽고 독후감을 쓸 때면 반 친구들 모두 마시멜로를 아껴서 나중에 더 받는 어린이가 되겠다고 했었던 기억이 난다. 그때 정말 내가 그걸 깨달아서 그렇게 쓴 걸까? 의구심이 든다. 내가 정말 그때 그런 생각을 하긴 했을까?

지금은 어떤가 생각을 해 봤다. 지금의 나도 당장의 이익보다는 나중의 성취를 위하여 참을 수 있는 사람일까 생각을 해 봤는데 전혀 아닌 것 같다. 지금의 나는 그 "체제" '참아라, 좋은 거는 나중으로 미뤄라' 하는 기득권의 배부른 소리 같은 말에 동의하지 않는다. 오히려 요즘 추세는 YOLO를 넘어서 참지 말라는 시대가 왔다.

이전 세대야 자기 나이끼리의 교류(삐삐, 이메일, 싸이월드, X의 초창기(구 트위터)) 때문에 다양한 생각을 가진 각 연령층과 교류가 그렇게 많지는 않고 다툴 일도 적었으나, 요즘 애들은 유튜브와 인스타그램 덕분에 어른들과의 생각(사상) 교류, 갈등 또한 많아졌다.

---

1 마시멜로 이야기 - 호아킴 데 포사다, 엘렌 싱어, 2005

심한 뉴스를 보면 중학생이 촉법소년인 걸 이용해서 70대 경비원을 폭행하고 인스타그램 DM으로 60대 어르신에게 '현피' 뜨자 - 직접 만나서 싸우자, 반말하는 경우도 많다. 게임에서는 나이를 판단하지 못하고 랭크와 실력으로만 입증되니 학생들이 못하는 팀원에게 부모님의 안부를 물어보는데 이미 돌아가시고 없는 경우도 허다하다(나이 많은 사람도 게임을 많이 하니까).

더 이상 '마시멜로 아끼는 것'만으로 아이들 공부 길들이는 세대는 끝났다는 소리를 하는 것이다. 소위 말하는 꼰대 행동을 하면 주먹다짐도 어렵지 않게 주고받을 사회가 되었음을 알린다. 기원전 1700년경, 수메르 문명의 점토판에 '요즘 어린것들이 버릇이 없다' 적혀 있듯이 세대갈등은 유구한 역사를 지닌 인간의 특성이다. SNS의 발달로 정보전파가 빨라서 유독 우리 세대가 말세라고 느낄 정도로 심각하지만 생각해 보면 지금 어른들도 한때는 요즘 것들이었다.

내가 학생들에게 저질렀던 실수를 이 글을 읽는 어른들은 하지 않기를 간곡히 부탁드린다. **비판적이거나 혹은 자기자랑의 방식으로 비교하며 공부 강요하지 않기, 공부하는 이유를 먼 미래의 것을 강제로 그려 가면서 억지로 시키지 말기.** 그 두 개만 하지 않아도 가족 간의 화목이 생길 것이다.

아는 만큼 보이고,
질문하는 만큼 알게 되니까.

우리가 공부를 해야 하는 이유를 찾아야 하는 것도 정보화 시대의 마지막 이점을 활용하기 위함이다. 나쁜 정보가 빠르게 퍼져 가는 만큼, 좋은 신호도 확산이 빠르다. 사람들이 기본적으로 부정적인 정보에 더 민감하다는 것을 감안하더라도, 정보의 전파라는 것은 긍정적인 정보든 부정적인 정보든 막을 수 없는 흐름이다. 챗GPT 등의 인공지능의 시대가 다가오고 있다.

시중에는 '질문하는 능력의 중요성'을 강조하며 이 시대를 준비하라고 강조하는 저자들이 많다. 질문하기 위해서는 기본적인 것들은 알아야 하고, GPTAI의 대답을 완벽히 이끌어 내기 위해서는 어찌 되었든 끊임없이 질문하고 대답을 걸러서, 버리고 얻을 것은 캐내는 '존버정신'과 '분별력'이 필요하다. 특히 정보의 홍수 시대(2000년대) 이후부터는 분별력이 없는 사람은 거짓 정보에도 쉽게 현혹되고, 진실이 아닌 것을 진실로 믿는 지경을 넘어서 그 거짓 정보를 유통하는 과정에 가담하기도 하는 등 거르는 능력은 이 시대 필수 능력이다.

  * 챗GPT를 써 본 적이 있는가? 없다면 심심풀이로 챗에게 숙제를 부탁해 보거나 글쓰기를 부탁해 보자. 생각 외로 똑똑해서 놀랄 것이다.

  최근 챗GPT가 유행이라 책을 쓰는 과정에서 과연 인공지능은 공부하는 이유에 대해서 잘 알고 있을까 궁금해서 물어본 적이 있다. 답변은 너무 성의 없었다. 적어도 내 기준에는 고리타분했다. GPT는 공부하는 이유는 사람마다 다르겠지만 더 나은 삶을 살기 위해, 세상을 더 잘 이해하고 문제를 해결할 수 있는 능력을 기르기 위해 공부를 해야한다고 말했다.

  챗에게 다시금 질문을 했다. 그러면 내가 왜 더 나은 삶을 살아야하고 내가 세상의 문제를 왜 공부해서 해결해야 하냐 내가 왜 그래야 하냐고 물었다. GPT는 스스로 답변이 추상적이라 생각해서 미안했는지 공부는 꼭 대의적인 목표에만 있는 게 아니라 공부의 과정에서 발견하는 즐거움이 있다고 더욱 추상적인 답변을 내놓았다. 뭐가 즐겁냐고 스무고개를 하려다가 아직까지는 인공지능이 생각하지 못하는 부분이 있구나 싶어서 안도의 한숨을 내쉬며 종료했다.

  * 당신이 생각하는 인공지능이 당신을 이길 수 없는 이유 두 가지만 찾아서

생각해 보자.

1._____

2._____

지피티와 외할머니.

특이점 사회라는 말을 들어 본 적이 있을 것이다. 그러니까 인공지능의 발전으로 모든 인간의 지성을 합친 것보다 AI 지능이 높아지게 된다는 것인데, 그렇게 되면 공부라는 것이 필요 없어질지도 모르겠지만, 그때의 인간을 '지성체' 혹은 주권이 있는 인격체의 삶을 영위하는 '만물의 영장'이라고 부르기는 어려울 것이다.

일전에 본인의 어머니께 들은 이야기가 있다. 어머니의 외할머니(내게는 증조할머니)께서 중국에 패키지여행을 다녀오셨다고 한다. 뭘 보고 오셨냐고 여쭤보니 땅이 비옥하고 옥수수랑 감자가 엄청 크더라는 대답을 하셨다고 한다. 혹시 어이가 없는가? 노인분들 위주의 여행인지라 걷는 것은 최소화하고 차창 관광 위주로 하셔서 사람과 부딪힐 일이 없으셨을 것이다. 항공권 예약이나 출입국, 귀가까지의 과정을 직접 신경을 쓸 걱정이 없으셔서 노인분들에게는 알맞은 여행이었던 것이다. 집에 계시거나 요양원에 누워 계시는 것보다는 훨씬 유익한 시간이니 타인에게 99프로 의지한 경험이지만 고인이 되신 나의 증조할머니께는 매우 유익한 시간이었다고 판단한다.

자, 이제 이야기를 조금 바꿔서 할머니를 당신으로, 여행을 일상의 아무 주제로 바꾸고 여행사 직원을 인공지능 AI로 바꿔 상상해 보자. 책의 내용이 교육이니 주제를 입시로 정하도록 하겠다. 인공지능이 당신의 입시를 돕는다고 가정하고, 합격 가능성이 높은 대학을 선별하여 알아서 지원해 준다. 포트폴리오도 생활기록부를 적절히 배합하여 제작해 주고 원서접수까지 도와줬다고 치자. 음, 이 원서는 당신의 것일까? 당신이 대학에 지원한 게 맞는가?

누군가 당신에게 물어볼 것이다. "원서접수 어땠어?" 당신은 대답할 것이다. "K대가 S대보다 접수비 비쌌음 ㅋㅋㅎㅋ" '난 돈밖에 낸 게 없는데 뭐' 이게 정답이다.

오히려 중국에서 옥수수랑 감자가 크다고 말씀하시던 게 더 지성인 같을 지경이다. 큰 틀에서 보자면 우리가 공부를 해야 하는 이유는 "인간의 사고능력"을 유지하고 지키기 위해서고, 사고능력을 지켜야 삶 속의 모든 선택이 진정한 나의 선택임을 증명하는 것이라는 결론에 도달했다. 쉽게 말하면 내 삶의 주인의식이다. 지금까지 경쟁사회에서의 생존과 성취, 인간 삶의 주인의식 지키기라는 이유들로 공부를 왜 해야 하는지에 대해서 연구했다.

다시 한번 자신 있게 말하지만 이 책의 저자인 나도 그렇고 책을 읽는 당신들도 그러하듯이 우리는 공부하는 이유를 찾아야만 한다. 이유를 찾는 데 너무 오래 걸려서 이유 없이도 몰입하는 사람들이 저 멀리 앞서 나간다 하더라도, 서사가 있는 왕의 이야기가 더 매력적이고 그런 영웅의 성공에 우리가 희열을 느끼는 것처럼, 서사가 있는, 이유가 있는, 이유를 찾아 나가는 이 과정의 시간이 우리에게는 정말 중요하기 때문이다.

지금 와서 생각해 보건대 아무 이유 없이 몰입해서 공부했다 하는 사람들도 과거에 분명히 공부를 한 특정한 이유라는 게 존재했을 것이다. 단지 사회가, 학교가, 부모님이 그런 잡생각 할 시간에 한 문제라도 더 풀라고 권유하서서 생각할 틈도 없이 빠르게 지나쳐 버린 것일 수도 있다.

공부하는 이유에 대하여 적어도 어른들은 대부분 기존의 사고방식이 존재하므로 내 말에 동의하겠지만, 중요한 것은 책의 주목표 독자층이자 걱정이 되는 학생들이 왜?? 학교시험을 보고 대학을 가야 하고 왜?? 국어영어수학사회과학 과목을 배우나는 것이다. 이런 이유를 찾아서 설명해 주지 못하면 편리함이 가속화되는 시기에 점점 더 많은 학생들이 배움을 기피할 것이다.

공부벌레들의 이야기 시작합니다.

책에 웬만하면 내 얘기를 안 적고 싶었지만, 필요할 것 같아서 간략하게나마 적어 본다. 본인은 중학교 입학고사를 전교 260등으로(340명 중) 입학하여 졸업할 때 전교 5등 + 학생회장단 타이틀을 거머쥐고 졸업했다. 여전히 출신 중학교 명예의 전당에 내 사진이 걸려 있던 것을 5년 전까지는 확인했는데 지금도 있는지는 잘 모르겠다.

문서확인번호: 172████████02 (신청인 : 최지욱)

저자 본인의 중학교 3학년 시절 성적표

1학년, 2학년, 3학년을 올라갈수록 성적은 우상향곡선을 그렸는데, 성장하는 내 모습이 마치 스스로 느끼기에 캐릭터를 키우는 게임처럼 재밌었다. 성적에 관심이 없는 사람이면 시험 시간과 성적 발표일이 그저 지나가는 하루겠지만 내게 그 당시 시점은 놀이기구를 타는 걸 기다리는 설렘과 약간의 불안함이 섞인 오묘한 감정의 나날이었다.

연애로 비유하자면 성적 발표일 성적을 확인하기 직전 느끼는 감정은 좋아하는 상대에게 고백을 하고 답장을 기다리는 시간과 같았다. 그런 의미에서 볼 때에, 중학교 시절 나는 책과 사귀었다고 할 수 있다. 새 책 냄새가 좋아서 책 중간 부분을 펼쳐서 그 이상한? 냄새를 맡곤 했다.

하지만 역시 내 얘기를 적어도 이건 내 자랑일 뿐, 굳이 평가하자면 내게 왜 공부가 재밌었냐는 대답이 될 뿐이지 왜 공부를 해야 하는가에 대한 대답이 될 수는 없다.

연세대학교 원주의과대학을 진학한 친구를 가르친 적이 있었다. 그 친구는 내게 쌤은 공부 재밌으세요?라고 가끔 물어봤다. 당연히 공부해야 하는 이유는 '대학진학'이라고 못을 박듯 정해 놓고 열심히 공부하고 성적도 좋은 이 친구의 질문이 의아했지만 난 공부가 재미있다고 했고 학생 때보다 오히려 강사인 지금 이 상황에서 공부하는 게 지치지 않아 즐겁다고 했다. 한동안 공부에 관련한 이야기를 이 친구와 나눈 이후 내 별명이 '변태'가 되었으나 최근 전공의 파업사태로 인한 의대생 휴학 중인 이 친구를 보니 여행을 위한 외국어 공부에 빠져 있더라.

의대생이 드디어 외국어 공부의 '변태'가 된 걸 확인하고 어떤 공부든지 진정 즐기게 되었구나 하는 마음에 기뻤다. 일본어를 아주 열심히 공부하는 이 친구에게 중국어를 공부하면 중국어를 공통어로 사용하는 5개의 지역(중국, 홍콩, 마카오, 대만, 화교싱가포르) 여행에 문제가 없다는 추천을 해 줬는데 과연 중국어까지 섭렵하게 될지는 지켜볼 일이다. 이 사례를 보면서 저 사람은 의대생이니까 당연히 똑똑하니까 외국어도 금방 배우겠지~라는 생각을 가지는 사람이 없길 바란다. 우리는 태어날 때 모두 4킬로 내외의 작은 존재였다.

의대생 친구와 공부에 관하여 이야기할 때에, 물론 의대생에 진학한 이 학생도 배우던 시절 슬럼프가 자주 찾아왔었다. 공부를 대체 왜 하는지 모르겠다며 본인이 무엇을 위해 문제 하나 틀린 걸로 등급이 결정되는 스트레스에 자신을 묶어 뒀는지 이해가 안 된다고 자책하던 날이 많았다. 그럴 때마다 나는 이 친구에게 의사가 되고 싶은 이유가 뭐냐고 물어봤다. 사람을 치료하고 싶어서라고 했다.

그게 진짜 이유냐고 수십 번을 반복해서 물어보자 결국 답은 돈이었다. 돈을 많이 버는 의사가 되고 싶다고… 그러면 돈을 많이 벌고 싶은 이유는 무엇인가 물어보니 그것에 대한 답은 없었다. 질문을 바꿔서 의사가 돈이 많지 않은 공무원으로 전면 대체될 경우에도 의사를 할 것이냐고 물었는데 안 할 거라고 대답했었다. 이 친구에게 의사가 가운이 멋있어서 너랑 어울릴 거 같아서 하고 싶다고 했거나 드라마 속의 주인공들처럼 너도 병원에서 스토리를 펼치고 싶다고 했다면 차라리 감동이라도 있었을 것이다 얘기해 줬던 기억이 난다.

돈만 밝히면 돈만 추구하는 의사가 된다. 돈보다는 차라리 멋을 추구하는 패션의사가 낫다. 말 그대로, 아는 만큼 보이고 보이는 만큼 더 알게 된다. 돈을 아는 것을 그만하고 멋을 추구하도록 권유한 이후 면접에서도 창의적인 답변이라고 칭찬을 받고 현재 비록 휴학 중이긴 하지만 상위권 의대에 진학하여 자기 관리의 끝판왕을 보여 주고 있는 이 친구가 자랑스럽다.

게임과 공부, 친구가 될 수 있을까?

이 친구가 프랜차이즈 학원에서 내 담당 학생으로 있을 때, 쉬는 시간마다 주야장천 게임을 하는 이 상위 1프로의 학생을 보며 나는 게임이 대체 왜 재밌을까?라고 물었고 이 친구는 스릴 있고 재밌어서 시간 가는 줄 모른다는 대답을 했다. 질문을 확장해서 나의 등급을 정해주는 랭크게임과 일반 게임 중에 어떤 게 더 재밌냐고 물었을 때에는 "아무래도 랭크세임이 부담된다"라는 대답을 들었다. 그때 대답해 주지 못했지만 쌤은 공부가 재밌으세요라는 말이 나온 이유는 결국 이 아이가 보기에 나는 랭크게임을 하듯 심적 불안감을 안고 공부하지는 않아서 여유롭고 부담 없어 보였던 거였다.

결국 공부를 잘하는 애들이 전략게임도 잘하는 경향이 있는데 그 이유도 어쩌면 이기는 법을 이미 여러 번 경험으로 터득했기 때문이 아닐까 싶다. 이기는 방법을 아는 학생들에게 손쉽게 이기는 방법을 찾게 해 줄 수 있는 책이 바로 이 책이다.

* 당신은 전략게임을 해 본 적이 있는가? 전략게임을 할 때 당신은 긴장감을 느꼈는가?

부담 없이 하는 공부는 즐겁다. 부담 없는, 그러니까 내가 여유로울 때 하는 모든 활동은 즐겁다. 부자가 은퇴 후 봉사활동을 다니는 게 즐거운 것이지, 야근하고 다음 날 주말에 일어나 봉사를 가지는 않기 때문이다. 지금 나는 그 어느 때보다 여유롭다. 이 책을 읽으면서 한 번 주문처럼 읊기 바란다. "지금 나는 그 어느 때보다 여유롭다." "공부는 내게 부담이 아니라 게임 같은 존재다." 이 여유로운 느낌을 책을 읽는 당신이 얻어 가길 기도한다.

여유로워지기 위하여 공부하라던데 여유로워지면 공부를 놔 버리고 싶어 하는 사람의 심리는 무엇일까? 많은 명문대 학생들 중에서 주 3회 이상 음주하는 학생의 비율을 조사하기 사실 두렵다. 공부가 단지 대학입학을 위한 도구로써 쓰이고 버려진 것이 너무 안타깝고 슬픈 현실이다. 10대 때 공부에 질려서 대학교에 진학하자마자 공부는 쓸모없는 것으로 치부하여 시험기간에만 책을 보는 경우와 비교될 정도로 베이비부머 세대 어른들은 골프산업학과, 레저창업학과 등 평생교육을 주관하는 대학교의 신입학 과정에 지원하면서 더 많은 공부를 하려고 한다. 참 신기한 광경이다.

* 학부모인 당신이 퇴직 후 혹은 여유로워졌을 때 학비가 무료인 대학에 진학하게 된다면 꼭 배우고 싶은 과목이 있을까? 있다면 그 과목은 무엇인가?

네 인생에서 너가 정한 답이 아니면
나머지는 정답이 아니야.

"내가 허락하지 않으면 아무도 나에게 상처를 입히지 못한다"
– 마하트마 간디(Mahatma Gandhi)

카페에서 아메리카노를 마시며 생각에 잠겨 있던 날 나와 나이대가 비슷한 분이 자기 부모님을 모시고 카페에 앉아 이야기하는 것을 볼 수 있었다. 나와 나이가 비슷한 따님분이 워낙 큰 목소리로 부모님께 이야기를 해서 들으려고 한 게 아닌데도 내용이 온전히 기억이 날 정도로 뚜렷하다. 챕터 3을 진행하기 앞서 이야기를 들려주려고 한다.

부모님을 모시고 이야기를 나누고 있던 딸은 아버지께 아빠 퇴직한 다음에 뭐 할지 생각이라는 걸 좀 하고 살라고 면박을 주고 있었다. 퇴직하고 퇴직금 모으면 괜한 카페나 치킨집 차려서 말아먹지 말고 그 돈으로 차부터 바꾸고 옷도 바꾸고 해외여행도 엄마랑 다녀오고 가족들 밥이나 한 번씩 사 주고 나도 일하기 싫으니까 용돈 좀 챙겨 주면서 편하게 좀 살자고...

(중략하겠다 결국 그분 아버지는 화를 내셨다)

* 학생들이라면 생각해 보자. 당신이 부모님과 자주 갈등을 일으키는 때는 언제인가? 혹시 학업에 관련된 일로 자주 다투는가? 그렇다면 반대로 당신이 부모님께 학업 외의 일로 갈등을 일으키는 경우도 있는가?

들으면서 많은 생각을 했다. 나 역시 부모님께 퇴직하면 계획이 어떻게 되시냐고 여러 번 물었던 적이 있었고, 퇴직금이 얼마냐 퇴직금 받으면 이렇게 하면 좋겠다고 감히 참견한 적도 많았었는데 위의 이야기를 들으면서 지난날의 반성을 하기도 한 소중한 시간이었다. 많은 사람들이 자신의 의견이 자신의 주장이 옳다고 생각하는 자기편향적인 사고를 지니고 있다.

분명 부모님의 퇴직 후 계획은 그분들의 인생인데 자녀라고 하더라도 참견할 자격은 없다. 이는 반대로 생각해 보면 부모 역시 자녀의 꿈을, 공부에 대한 생각을 강제할 수 없다. 뭐든지 강제한다면 반발을 일으키고 이는 다툼과 길등으로 이이진다. 하물며 종교에서도 교회를 나오세요 나오세요 강제한다고 출석하는 인원은 거의 없다. 어느 날 계기가 생겨서 혹은 내 몸이 너무 아파서 신의 도움이 간절히 필요하다 느낄 때 신앙을 찾는 사람들이 많다.

모든 일에는 때가 있는 법이다. **내 인생에서 내가 진짜 정답이라고 정할 만한 것이 아직 나오지 않았는데 내가 생각할 틈도 없이 누군가가 정해 준 정답을 강요한다면 그건 진정한 내 삶이 아니다.** 진정한 내 꿈이 아니다. 마치 마리오네트 인형처럼 누군가의 삶의 목표를 대신 이루어 주며 사는 꼭두각시 인생일 뿐이다.

대학이라는 꿈, 고학력이라는 인플레이션.

꿈이라는 단어가 나온 김에 꿈에 관한 이야기를 확장하고 싶다. 챕터 2에서 나는 아는 만큼 보이고 보이는 만큼 또 알게 된다고 이야기했다는 걸 기억할 것이다. 꿈이라는 것에 대해서 촌스럽다고 여기거나 유치하다고 여기는 사람들이 있는가? 있다면 그 사람들의 평소 말투나 행동을 유심히 살펴보자. 아빠는 꿈이 뭐야? 형은 꿈이 뭐야? 언니는 꿈이 뭐였어요? 물었을 때, 꿈을 꾸던 순간을 상상하면서 "나는 파일럿이 되는 게 꿈이었어, 몸이 버텨 주지 못해서 비록 그 꿈은 못 이뤘지만 지금은 내 친구들이 안전하게 운행할 수 있도록 돕는 정비사의 일을 하고 있지."라고 이야기를 할 사람들인지, 혹은 "꿈같은 소리 하고 있네. 먹고살기 바쁜데 뭔 꿈이야 돈이나 벌어야지." 같은 말을 할 사람들인지 생각해 보자.

학생이라면 우리 부모님들의 눈빛을 보자. 바라봤을 때 엄마 아빠에게서 열정적인 반짝이는 눈빛이 보이는가? 아니면 하루하루 지친 모습이 보이는가? 뒤에서 다시 적겠지만 그런 부정적인 것에 영향을 받지 않는 것도 중요하다. 반대로 거울을 한번 보자. 내 눈 속에는 미래를 위해서 열심히 꿈을 쫓으려고 하는 사람이 보이는가? 혹은 빨리 책을 덮고 게임을 하고 싶은 철부지의 모습이 보이는가? 혹시 그 철부지에서 벗어나 어른이 되고 싶은 걸까.

황금티켓이라고 들어 봤는지 묻고 싶다. 찰리와 초콜릿 공장[2] 영화를 보면 윌리 웡카의 초콜릿 공장을 견학하는 조건의 티켓이 초콜릿 속에 몇 개만 숨겨져 있는데, 수많은 어린이들이 다섯 개의 티켓을 얻기 위해 초콜릿을 대량으로 소비하고 또 보이지 않는 경쟁을 했다는 내용이 있다. 어릴 적 이 영화를 보면서 든 생각은 결국 돈 많은 사람들이 황금티켓을 사는 걸 보면서 허탈했던 경험이 있다.

어른이 된 이후 이 영화를 다시금 봤는데 감상평은 첫째로 역시 자본주의에서는 돈이 최고라고 하는구나. 둘째, 티켓을 미끼로 더 많은 소비를 유도했구나. 셋째, 인간이라는 존재가 소수만 누릴 수 있는 것을 얻기 위해 더 중요한 삶의 가치를 바쳐서 고군분투하며 살고 있구나 느꼈다. 초콜릿 공장에 견학하기 위해 **황금티켓을 얻기 위해 초콜릿을 일일 섭취량 수준의 몇 배가 될 정도로 먹는 그 모습이, 좋은 대**

---

2   Charlie And The Chocolate Factory - 2005/팀버튼 감독/원작 로알드 달 저

학에 가면 인생이 풀린다는 정답이 아닌 유혹에 빠져 모두가 명문대를 위한 몇 년간의 강제학습에 진입한 대한민국의 현실과도 같았다.

인플레이션은 경제용어지만 어린이들도 알 만큼 쉬운 단어다. 돈의 가치가 떨어졌다는 소리다. 돈이 너무 많이 풀려서 물가가 올라 버리는 현상을 이야기한다. 대한민국은 현재 학력 인플레이션에 빠져 있다. 단군 이래 고학력자가 가장 많은 현실을 살면서 예전에는 대학 졸업장만 가져가면 기업에서 면접비를 주면서까지 데려갔던 시절은 온데간데없고, 대학교를 나와도 취업이 안 된다며 계약직을 하다가 다시금 대학으로 가는 재입학생이나, 4년제를 졸업하고도 전문대로 들어가 취업을 위한 학과과목을 배우는 "유턴 대학생"이라는 단어가 나온 계기도 결국 학력 인플레이션 때문이다.

인서울 대학은 인서울 나름대로 계층을 나눠서 갈라치기 하고, 지방의 대학교는 지잡대라는 명칭을 붙여서 비하한다. 국민의 특성인지도 모르겠으나 부동산도 수도권 과밀화 투기 집중이 이루어지면서 지방도시가 소멸하듯 대학교도 수도권 집중이 가속화되고 있으며 지방 사립대학교의 자립은 점점 어려워져 통폐합이 이루어지고 있는 실정이다.

그나마 재정이 튼튼한 지방대학교는 학교 자체의 장학금 지원, 기업과의 연계를 통한 취창업생 육성으로 숨통을 쥐고 있지만 이마저도 언제까지 이어질지는 미지수다.

학교건물이 낡았을까, 아니면 학교에서 가르치는 방식이 더 낡았을까?

학생들의 교육과 진로를 도와줘야 할 학교 사정도 이전 세대와 별반 다르지 않다. 학교에서는 예전에 비해 점점 나아지고 있다고는 하지만, 여전히 학생의 미래, 학생의 진로를 위한 체계적인 무언가가 존재하지 않는다. 비록 특성화 고등학교와 일반계 고등학교 특성화 반 편성 등의 조치를 하고, 학교 수업 중에서 진로과목과 실습과목을 배치하여 운영을 하더라도, 시행한 지 얼마 되지 않아서인지는 몰라도 가시적인 효과가 크지 않다.

만일 학생 중에서 책을 읽으면서 학교의 과목 공부는 나와 진짜 안 맞는 것 같다고 생각한다면 여기까지 읽어도 좋다. 책의 가격이 만 원이 넘겠지만 여기까지 읽으면서 알게 된 공부하는 이유 "내 삶의 주인이 되기 위하여" "경쟁사회에서 뒤처지는 사람이 되지 않기 위하여"라는 내용은 깊게 각인되었을 것이기 때문이다. 분명히 이런 내용은 치킨 한 마리보다 값진 것이다.

진정한 자신의 삶의 주인이 된다면 학업공부와 멀어지는 학생들은 지금부터 자기의 미래를 위해 책을 덮고 꿈을 찾아 실현해야 한다. 책을 적어 주신 저자님 그러면 어떻게 공부를 하지 않고 미래를 위해 꿈을 찾아야 하나요 묻는다면, 공부를 하지 말라는 말이 아님을 강조하고 싶다. 결국 이 책을 읽는 것도, 새로운 운동이나 기술을 배우는 것도 모두 공부다. 당신에게 정말 필요한 공부를 찾아보려고 시도하자는 말임을 기억하자.

책을 곧 덮을 것 같은 '국영수사과 과목은 필요 없는' 학생들을 위하여 한마디 더 적자면, 지금 이 순간 당신이 국영수사과는 내 인생에 필요 없다는 다짐을 했다면 그 다짐에 후회가 없어야 한다는 걸 기억하길 바란다. 학교를 때려치우라는 말이 아니다. 국영수사과 공부는 필요 없으니까 학교 수업시간에 잠이나 자라는 말도 아니다. 다만 진심으로 꿈을 정했다면 그 꿈을 남들보다 미리 시작해서 준비하라는 말이다. 그것도 당신의 인생을 위한 공부의 한 과정이니까. 수업시간에 엎드려서 자는 버려지는 시간에 집에서 꿈을 위해 찾아본 자료들을 공부해라.

중고등학교 6년의 시간을 정말 소중하게 쓰길 바란다. 6년이면 대학생 기준으로 남자의 경우 4년의 수업기간 + 군대 18개월을 합친 기간보다 무려 반년이나 더 많은 긴 시간이다. 미래의 것이 그려지지 않는다면 과거로 생각해 보자. 6년이면 초등학교 1학년부터 6학년까지의 시간이고, 중2 15살 학생에게는 6년이면 살아온 전체 인생의 40프로라는 어마어마한 시간인데 이걸 엎드려 자면서 시간낭비 하는 건 나중이 되지 않더라도 후회할 것이 뻔하다고 생각하지 않을까. 80대 어르신께도 6년이라는 시간은 인생의 7퍼센트가량 되는 짧지 않은 시간이다. 곧 임종을 앞둔 사람들에게는 1분 1초가 소중하다. 지금도 여전히 흐르고 있는 당신의 시간도 마찬가지다.

대학교를 진학하지 않을 학생들 중에 예를 들어 직업군인이 되는 게 꿈인 학생이라면, 부모님께 당당하게 포부를 이야기하고 부모님을 통해서 학교 선생님께도 말씀드려 수업 때 중간중간 자신이 공부하고 싶은 과목을 각 과목 선생님들의 수업시간에 맞춰서 자습하는 환경을 허락해 달라고 할 수도 있겠다. 물론 수업을 완전히 방해할 만큼 다른 학생들에게 피해를 끼치거나 교사의 수업권을 침해하는 행위는 하면 안 되니 이 부분은 선생님과의 합의가 필요하다.

공군부사관 시험을 준비하던 고등학생이 있어서 예를 들어 보자면, 그 친구는 공군부사관 시험과목 영어, 간부시험, 한국사 필기를 준비하는 데 있어서 학교 영어시간에 문제를 풀고(물론 수업은 중간중간 들었다고 한다) 쉬는 시간에 틀린 문제에 대하여 영어선생님께 해석을 부탁했다고 한다.

독자들에게 꼭 이것을 전하고 싶다. 내가 알아서 공부하니까 학교 수업 따위 필요 없다는 자세는 지양하라는 말이다. 세상에 쉬운 것은 없다고 말씀하시는 어른들의 말이 틀린 말은 아니다. 아무것도 하지 않는 사람에게는 모든 일이 어렵다. 하지만 자신이 잘하는 어떤 것을, 또 잘하면서 좋아하는 무언가를 계속 파고 파는 사람에게는 세상에 쉬운 것이 존재한다. 직업군인이나 운동 쪽에 소질이 있는 학생은 그쪽 분야는 다른 공부를 하는 학생들보다는 쉬울 것이다.

마찬가지로 직업군인(공군부사관을 예로 들어서) 준비하는 친구들의 한국사 시험을 위해서는 한국사 능력검정시험을 준비해야 하는데, 이것 역시 사회과목 선생님 역사과목 선생님께 큰 도움을 받을 수 있다. 직업군인의 경우 체력시험 평가도 있는데 이를 위해서는 체육시간에 체육선생님께 미리 말씀드려서 도움을 받을 수 있다. 체력 검정의 경우 1.5킬로 달리기를 7분 안에 들어오는 것이 기준이라면 1.5킬로가 학교 운동장 기준 몇 바퀴인지 파악하고 선생님께 측정과 실력 향상에 관한 도움을 받을 수 있다. 학창 시절을 생각해 보면 선생님들은 수업을 열심히 듣는 학생들도 좋아하지만 모든 과목을 잘하는 학생보다 한두 과목 그러니까 그 선생님이 맡으시는 과목을 좋아하는 학생을 애제자로 삼는 경우가 더 많다.

나는 대학교 안 가고 내 꿈을 찾았는데 학교를 왜 계속 다녀야 되냐

자퇴하는 것이 훨씬 낫지 않냐 묻는 학생이 있을 수 있다. 그런 학생들에게는 단 한 가지만 기억하게 이야기해 주고 싶다. 학교를 다니는 건 사회집단의 작은 단위인 '학교'라는 공간에서 내가 생활하면서 적응하는 것이, 나중에 더 큰 집단인 '직장'이나 '전 세계적 단위'의 사회생활을 할 때에 연습이 되기 때문이다. 우리 모두는 어디 가서 "쟤 눈치 없네." 혹은 "일상생활 가능하세요?"라는 소리를 듣고 싶지는 않을 것이다.

나는 신뢰예요~ 누구나 부자가 될 수 있어요~

KPOP과 한국 문화가 긍정적인 영향을 끼쳤듯이, 내가 생각하기에 한국이 세계에 전파하고 있는 BAD-K-CULTURE(나쁜 한류)도 존재한다고 생각한다. **대표적인 두 가지로 자기 자신 올려치기와 타인 내려치기라고 할 수 있다.** 인터넷상에서, 유튜브에서 혹은 인스타그램 등의 SNS를 통해 우리는 수많은 성공담과 삶을 과시하는 사람들을 볼 수 있다. 하지만 정작 우리의 모습은 그 보여지는 모습들에 비하면 초라하고, 주변에서도 유튜브 성공담이나 20대에 100억을 모은 만큼의 성공담을 찾아볼 수가 없다.

일단 이것이 현실인지 허상인지 여부를 떠나서도, 이러한 알 수 없는 존재의 성공과 나의 현실에 대한 비교로 인한 자괴감은 의미 없는 행동이다. 네이버 뉴스기사 댓글을 보거나 유튜브 성공 관련 댓글을 보면, 모두가 전X조(나는 신뢰예요 명언 남기신 분)이다. 모두 자신의 수준보다 높게 허세와 허언을 부리는 경우가 많고 끊임없는 타인과의 비교를 통해 타인의 성공은 깎아내리면서 본인의 작은 성공은 크게 부풀리는 경향이 있다. 문제는 이것이 한국에만 국한된 것이 아니라 전 세계적으로 퍼져 나가고 있다는 것이다. 이것이 본인이 불행을 느끼는 것을 거짓된 망상으로 잠재우는 것을 넘어서 정상적인 생활을 하고 있는 사람들의 풀을 죽이고 기를 죽이는 나쁜 한류가 되어 가고 있다.

이 책을 읽는 독자들은 그런 자세를 버리길 바란다. 항상 남들 하는 것 그 이상을 위해 목표를 정해서 살아가다 보면, 그러니까 삶 속에 타인과의 비교가 지속되다 보면 평소 주변에 있던 평범한 것들의 가치까지도 잊게 된다. 그 평범한 가치 중에는 내 자신도 포함된다. 잊는다는 것은 결국 잃는 것이다. 해외여행도, 공부도, 연애도, 적금 예금 등 돈을 벌어 모으려는 노력과 차를 바꾸려는 것까지도 원리는 같다.

서유럽 패키지를 가 보니까 스페인 자유여행 한 친구가 부럽고, 스페인을 들르면 북유럽 오로라가 보고 싶고, 반 5등을 하면 반 1등이 되고 싶고 전교권에 들고 싶고, 첫 연애 때의 미숙한 모습이 그리워서 혹은 실망스러워서 나를 위한 새로운 상대를 찾아가는 그 모습과, 5천만 원을 모으기 위해 아내의 작은 사치를 옥죄고 자녀의 외식을 통제하거나 무리해서 건강을 해치며 일하며 E클래스를 사기 위해 애지중지하던 그랜저를 헐값에 팔아 악착같이 일하거나 빚을 내는 모습들이, 한 단계 한 단계 올라갈수록 세상에는 여전히 나보다 몇 단계 높은 누군가가 존재한다. **경쟁사회에서 1등이 아니라 유일한 존재가 되길 희망했다면 불필요한 욕심은 없었을 것이다.**

I love myself, and it's all because of me.

이제 나올 내용은 학교에서, 사회에서 흔히 얘기하는 공부하라는 이유들에 대하여 비판하면서 답을 찾아가 보려고 한다. 교육은 지식 확장을 통해 사회와 세계를 더 넓게 이해할 수 있도록 돕는다. 높은 교육 수준을 가지면 더 나은 경제적 안정을 얻을 확률이 높다는 말은 어디선가 한 번쯤 들어 봤을 것이다. 일례로 사회교육은 시민의식을 고양시켜 민주주의 강화에 도움을 준다, 국가경제 성장에 도움을 준다는 등 전혀 "나"와는 관련 없는 뜬구름 잡는 소리들만 하기도 한다. 물론 민주주의의 기간이 흔들리시 않도록 사회의 구성원인 우리가 기본적인 소양은 갖추어야 한다는 점에는 동의하지만 말이다.

지금부터 학교교육(국영수사과), 교양과목, 체육, 비교과활동 등을 해야 하는 진짜 공부해야 하는 이유를 알아볼 것이다. 전반적으로 입시를 위한 공부를 하는 이유는 현실적으로 생각해 봤을 때에 이것이 우리가 사는 세상에서, 그러니까 유한한 경쟁사회에서 정해 놓은 기준이기 때문이다. 앞선 내용에서 수차례 언급하였듯이 경쟁사회에서 순위를 정한다는 것은 필연적인 것이다. 모두가 존중받아야 하는 사회시만, 모두가 존경받을 수는 없기 때문이다. 결국 공부를 한다는 것은 부모님을 위해서도 아니고, 학교 선생님에게 인정을 받기 위해서도 아니고, 대학을 잘 진학하기 위해서도 아니라는 말이다.

공부를 해야 하는 이유는 한 문장으로 "나 때문이다." "나"는 죽지 않는 이상 어쩔 수 없이 자의가 아닌, 선택이 아닌 강제로 이 땅에 태어났고 생명이 붙어 있는 한 사회생활이라는 것을 할 수밖에 없는 존재다. 그런 존재가 세상의 것을 이것저것 경험하면서 꿈이라는 것이 생길 때에, 그 꿈을 이룰 수 있게, 한 발자국 앞으로 나아갈 수 있게 하는 과정의 집합체가 공부라는 것이다.

한마디로 공부는 사실상 선택이 아니라 필수적인 것인데 우리가 공부해야 하는 그 이유가 내가 살아 있어서임을 인정하지 않고 부수적인 요인인 "취업 때문에" "돈 때문에" "좋은 대학 가려고" "칭찬받으려고"라는 말들에 휩쓸려서 질려 버린 것이다.

강사였던 내가 학원에서 시험을 보지 않아도 되는, 대학에 다시 지원하지 않아도 되는 과목들을 다시금 공부한 이유는 그걸 공부해야 내가 내 꿈을 이루는 데 작게나마 도움이 되기 때문이다. 내가 책을 쓰기 위해서 몇 년 전에는 생각해 보지도 않았던 공부하는 이유가 무엇인지에 대해 연구한 이유는 이 주제에 관하여 책을 쓰는 것이 내 버킷리스트이기 때문이다. 결국 나를 위한 것이다.

* 지금까지 책을 읽으며 당신이 생각하는 공부하는 이유에 대하여 찾았는가?(Y/N)

나를 위한 공부, 내 인생이라는 단어에 집중해서 생각해 보자. 나를 위한 공부인데 부모님도, 학교 선생님도, 학원강사도, 그 누구도 나의 선택에 반기를 들 수는 없다. 이게 나를 위한 것인데 아무도 어떻게 해라 강요해서 벌어진 일에 책임을 지지 않는다. 오직 내 인생에 대한 책임은 나 자신에게 있다.

나를 위한 공부인 만큼 앞으로 나오는 내용은 진짜 나를 위한 '자기주도학습'이 무엇인지에 대하여 알아볼 것이다. 살면서 절대 남들의 기대에 부응하려고 살지 마라. 남들은 사실상 내가 그렇게 잘되고 성공하는 것을 바라지 않는다(씁쓸하지만 이게 사실이다). 보통은 그냥 내가 평범하게 살기를 바란다. 남들과 같은 삶, 일상 얘기하면서 묻혀버리는 그런 사회의 일원으로 살다 가기를 바란다. 힘들 때는 미래에 대한 포부나 꿈보다는 연예인 얘기, 먹고사는 얘기, 뭔가 대단한 걸 하려고 밝히면 배부른 소리 한다며 이방인 취급한다. 기억하자. **황금티켓증후군에서 벗어나고 학력 인플레이션에 놀아나지 말자. 진짜 내가 원해서 하는 공부를 하자.**

진짜 나를 위한
자기주도학습.

"남들보다 우월해지려고 말고, 자신의 예전 모습보다 나아지
려고 노력해야한다." – 힌두교 격언

결국 앞서 언급한 내용을 정리하자면, 공부행위의 이유라는 것은
나 자신을 위한 공부라는 진리를 제쳐 두고 생각하더라도 우리가 사
회의 일원이 되기 위해 배우는 것, 공부하는 것이라고 결론지을 수 있
다. **학교라는 공간이 애초에 사회화 과정의 장소고 교육이 그 수단이
라서** 그렇다. 하지만 당연한 말이지만 우리는 기계나 부속품이 아니
다. 사회 체제라는 것은 변한다. 교육은 백년지대계라는 말이 있듯이
느리게 변하지만, 사회가 기존보다 더욱 빠르게 변화하는데 교육도
사회 변화의 속도에 따라서 변하게 되이 있다. 현재 우리가 사는 세상
은 교육이 사회를 변화시키는 것을 넘어 사회도 너무 빠르게 변해서
교육의 가야 할 길이 갈팡질팡 어지럽다.

생각해 보자, '사회생활 잘한다.'라는 것의 의미는 무엇인가? 눈치가 빠르다, 속된 말로 아부를 잘한다 등으로도 표현할 수 있다. 이게 과연 보기 좋은 삶이고 바른 삶일까? 사회생활 잘하는 사람이 좋은지 자기주장을 펼 수 있는 사람이 좋은지 생각해 보자. 물론 둘 다 적절히 잘하는 사람을 좋아하지만 이 순간만큼은 흑백논리를 적용해서 선택해 보자는 말이다. 무엇이 정답인지 우리는 딱 고르기가 참으로 애매한데, 교육은 아직까지도 무언가를 딱 정하려고 한다. 이는 자연스럽게 반대하는 사람들로 하여금 반발을 일으키는 원인이 된다.

참 아름다운 나의 가치.

인간 역사는 언제나 가치 중심적이었다. 물질적 가치가 비물질적 가치(정신적 가치)보다 항상 아래에 있었다는 것을 우리는 매슬로우의 욕구 5단계설을 통해서도 알 수 있다. 인공지능이 발전할수록 철학과 인문학 등의 '불변의 인간 고유의 성질'을 탐구하는 노력은 지속될 것이다. 시간이 지날수록 인간 본연의 가치를 추구하는 사람들은 값진 사람으로 여겨질 것이다. **인간 본연의 것을 나는 아름답다고 생각한다.** 그리고 아름답다의 아름의 뜻은 나라는 뜻이다. 직역하면 아름답다는 것은 나답다고 할 수 있다. 1447년 세종대왕의 명을 받아 수양대군이 집필한 책인 불교 책《석보상절》에서 아름답다의 아름의 의미는 자기 자신인 나를 의미한다고 했다.

결국 앞에서도 계속 강조했듯이 '나'를 위하여 공부한다고 강조하고 싶다. 아는 만큼 보인다고 하는데 아는 것도 나고, 보는 것도 나다. 질문하는 것도 나고, 대답하고 시험을 보는 것도 나다. 사회생활을 할 주체도 나고 내가 내 삶을 망치기 위해 이 세상에 태어난 것이 아닌 이상 삶을 살아가기 위한 공부, 내 삶을 살기 위한 공부는 숙제처럼 억지로 해야 할 것이 아닌 숨 쉬듯 밥 먹듯 자연스러운 일상이 되어야 한다.

사회생활이라는 단어가 숨이 막힐 수도 있지만, 장을 보는 것, 친구를 만나는 것, 연애를 하는 것, 명절 때 가족들을 보는 것 모두 사회생활의 일종이다. 나이가 많으신 어르신들이 영어를 배우는 지역의 평생교육 강좌를 들으실 때에 참관하여 대학교 수업 차원의 인터뷰 과제를 진행한 적이 있다. 이분들은 전혀 사회생활을 위하여 공부하시는 게 아니다. "내가 이걸 하는 게 새롭고 재밌어"서 한다고 하신다. 부담이 없는 공부, 시험을 치를 필요가 없는 공부, 내가 진짜 배우고 싶어서 배우는 공부, 누가 시켜서 하는 공부가 아닌 내가 선택한 내 공부...

모든 일의 능률은 웬만해서는 과한 긴장 상태에서는 올라가지 않는다. "내가" 재밌고 흥미를 느끼고 관심이 있어야 한다. 그래 정말 중요한 것은 왜 공부를 해야 하는 이유를 찾았는데(나를 위해서라는 것), 그 공부를 잘하는 방법의 기초는 내가 관심이 있는 것이어야 한다는 걸 깨달았을 것이다. 관심이 생기는 것을 공부하자. 그것이 진짜 나를 위한 것이고 내가 좋아하는 것일 수도 있으니까. 꼭 국영수사과가 아니어도 좋다. 학교라는 공간은 당신을 위해 있는 것이지 당신이 (학생이) 학교를 채우기 위해 있는 게 아니다. 이 체제(학교제도)를 잘 써먹자. 이것이 당신을 위한 교육의 첫 번째 뷔페이기 때문이다. 체제를 잘 활용하면서 공부한다면 한숨이 나오는 게 아니라 잘하고 있다는 자기 확신이 들게 될 것이기 때문이다.

그렇다면 나를 위해서 공부하는 그 자기주도학습이라는 건 대체 뭘까? 많이 들어 봤고 모든 사람들이 자기주도학습이 중요하다고 이야기해서 **잘 모르면서도 마치 혼자 공부하는 모든 과정이 다 자기주도학습이라는 착각 속에 살고 있다.** 그냥 단순하게 내가 혼자 문제집을 풀면 그게 자기주도학습일까? 정답은 아니다! 자기주도학습은 능동적으로 자신의 학습에 책임을 지는 것이다. 앞서 많이 언급했듯이 자기 인생에 대한, 그러니까 '나'에 대한 책임을 질 준비가 된 사람만이 진정한 자기주도학습을 할 수 있다고 나는 생각한다. 공부에 관심을 가져야 한다는 것은 기본이다. 결국 나중에 무엇을 하든 내가 스스로 준비하고, 검토하고, 시행한 내 경험자본이 되는 것이 자기주도학습의 실행 동기가 되어야 한다.

경험자본이라는 말을 들어 본 적이 없다면 이 경험자본의 중요성에 대하여 우선 짚고 넘어가야 할 것 같다. 인생을 살면서 우리는 다양한 경험들을 하고 산다. 매일매일이 하루하루가 다 똑같아~라고 이야기하지만, 큰 틀에서 보지 말고 조목조목 따지고 보면 매일매일이 새로운 것이 인생이다. 매일매일 우리는 새로운 경험들을 인생에서 쌓으며 살아가고 있다.

두려워 말라, 경험자본이 너와 함께 함이니라.

경험자본(Experiential Capital)이란, 개인이 살아가면서 축적한 경험을 통해 얻은 지식, 기술, 태도, 통찰력 등을 포함하는 개념으로, 자신만의 "고유한 경험"에서 비롯된 자산을 의미한다. 테슬라와 스페이스X의 인물인 일론 머스크 역시 자주 인터뷰를 통해서 실패를 두려워하지 않는 자세가 성공의 비결이라고 밝힌 적 있으며, 경험자본을 중요시해서 실패한 사람 역시 경험자본이 쌓인 사람으로 인식하였다고 판단할 수 있다. 실패를 두려워하지 않는다는 것은 경험을 통해 실력을 쌓는 의미다.

경험자본과 자기주도학습의 관련성은 다음과 같다고 정의할 수 있겠다. 첫째, 경험자본은 책에서 배운 내용을 실제 생활에 적용해서 얻은 경험으로 책의 경험을 인생의 실제적 경험으로 변환시켜 진정한 나의 경험으로 바꾸는 연금술사다. 교회를 다니는 사람들은 잘 알겠지만, 신이 예수로 땅에 내려와 말씀을 성취하러 왔다는 그 구절의 말씀 성취가 경험자본이 된 대표적인 사례라고 볼 수 있다.

둘째로, 실전 적용 능력이 향상한다. 당연히 책으로만 배워서 외운 내용은 시간이 지나면 잊히기 마련이다. 군인들에게 많이 발생하는 외상 후 스트레스 장애(PTSD)는 경험이 부정적으로 뇌에 인식되어 잊고 싶어도 잊지 못하는 극단적인 예시다. 이처럼 PTSD에 관한 다양한 연구에 따르면, 충격적이거나 강렬한 감정을 동반한 경험은 뇌에 강력한 인상을 남기며, 이는 오랫동안 생생하게 기억되는 경향이 생긴다.[3]

강렬한 감정은 주의력과 기억 인코딩 과정을 강화하여 특정 경험에 대한 기억을 장기기억으로 전이시키는 데 도움을 준다는 연구결과가 있다.[4] 감정이 강하게 유발된 사건은 주의 집중과 집중 처리에 더 깊이 관여하게 되어 기억에 뚜렷하게 새겨지게 된다. 셋째로, 자기주도학습을 경험자본과 연계한 특징은 결국 **성취감과 학습동기가 강화**

---

3 외상후스트레스장애와 인지기능:문헌 고찰/한유리, 윤지애, 최경숙/2020. 11 - 인용

4 연구 Research 인용 - The amygdala modulates the consolidation of memories of emotionally arousing experiences/McGaugh JL/2004. 01

된다는 것이다. 당연한 말이지만 자기주도학습을 통해 축적된 경험자본은 학습자의 자신감과 효능감을 높이고 공부를 해야만 하는 이유와 공부에 대한 자신감 재미 등의 '학습동기'를 지속적으로 유지하게 도와준다. 하기 싫은 것을 시키면 억지로 하던 학생이 완전히 바뀌어 이제는 배운 것을 써먹을 곳이 많은데 더 배우려고 하는 건 당연한 이치 아닐까?

이는 이후에 더 적극적인 학습목표를 설정하고 도전하는 가능성을 열어 준다. 우리가 우등생들 중에서 친구의 과외선생님이 되면서 더 공부를 열심히 해서 성적이 오르는 학생들의 일화를 접한 적이 있을 것이다. 뒤에서 공부방식에 관한 챕터에서 밝히겠지만. 사람마다 협동을 하거나 경쟁을 하면서 성장하는 케이스가 나뉘므로 무조건 친구의 공부를 돕는 경험지식이 긍정적이라고 판단하지는 않겠다. 방학 때마다 해외여행을 다니면서 배운 외국어를 실전에서 써먹거나, 친구의 과외선생을 자처하는 우등생들은 그들만의 자기주도학습과 경험지식을 연계시키면서 학습하는 것이다.

위의 내용을 요약하자면 스스로 목표설정과 학습계획을 세워 지키며 주체성을 갖고 히는 것이 지기주도학습이고 자기주도학습은 경험지식을 축적하는 수단이라고 했다. **공부를 왜 해야 하는지 아는 사람이 자기주도학습에 유리하다.** 그렇다면 자기주도학습을 가르쳐 준다는 "학원"이나 "과외" 등의 강의를 듣는 행위가 과연 진정한 자기주도학습일까? 교사의 지시나 학원자료, 지침에만 의존하는 수동적인 공부는 자기주도학습이 아니다. 자기주도학습이 맞는 것과 아닌 것의 예시를 들어서 명확히 구분해 보자.

수업에서 배운 내용을 듣고 수업 내의 문제만 풀고 과제나 숙제를 열심히 하고 학원 문제집을 하라는 부분만 열심히 한다고 가정한다면, 이건 너무나 당연하게 학부모가 좋아하는 모범생의 모습이다. 이런 학생을 가지고 우리는 공부 열심히 하네~ 자기주도학습이라고 착각하는 경우가 많다. 하지만 이건 자기주도학습이 아니다. 그냥 지시에 따른 순종 학습이다.

진정한 우등생은 자기주도학습을 한다. 몇 시에 무슨 과목을 공부하고 시험공부는 어떤 순서대로 할 거야, 모든 과목을 다 잘하기는 어려우니까 내가 내 한계를 아니까 이번에는 무슨 과목 위주로 집중해서 할 거야를 학생 스스로 결정하고 시행하는 게 자기주도학습이다.

그들은 재밌게 하는 거 같은데, 나는 왜 재미가 없냐고.

자기주도학습을 확장하면 학생이 단지 시험공부를 위한 것이 아니라, 흥미를 느끼고 관심이 크기 때문에 전문가에게 이메일 연락 등을 보내서 탐구하는 것까지 포함되지만 실리콘밸리가 아닌 한국에서는 이 정도까지 하는 인재는 거의 본 적이 없긴 하다. 그렇게 이메일을 보낸다고 한들 답장이 오는 경우도 드문 것이 대한민국 교육의 현실이다. 이건 내가 직접 학생 때 해봐서 누구보다 잘 안다.

어른이 되어서 자신이 배우고 싶은 거를 선택해서 배우는 자기주도학습은 쉽다. 도서관에도 많은 50대 60대분들이 대부분 은퇴 후 여유를 즐기면서 부담 없이 배우고 싶은 과목을 스스로 강의를 듣거나 책을 읽으시면서 공부한다. 부담이 없으니까 공부가 재밌는 거다. 앞선 챕터에서 이야기한 게 기억나는가? 내가 학원강사를 하면서 풀어보는 모의고사가 현역 고3 때 모의고사 성적보다 항상 높았는데(수능은 변수가 많으므로 현역 때 운이 좋아 잘 나와서 그때의 점수를 다시 받기는 어렵다), 이는 부담 없이 하는 공부 덕분이다.

* 한 학기가 끝나고 지난 학기 책을 방학 중에라도 본 적이 있는가? 다시 보면 이 쉬운 걸 왜 그때 제대로 공부하지 않았을까 후회할 것이다. 어른들의 그때 공부할걸 후회는 X소리가 아니다.

내가 가르쳤던 학생들 중, 민사고를 진학하거나 외고 과고를 진학한 학생들의 공부에 대한 대응방식은 중학교 때 저자 본인의 공부방식과, 공부에 대한 마인드와 비슷했는데, **아이러니한 말이지만 그들이 학원에서 나에게 배울 때에, 내 목표는 그 학생들이 오랫동안 나에게 배우는 것이 아니고, 빨리 학원을 그만두고 혼자 공부하도록 격려하는 것이었다.** 당시 원장은 내게 선생님이 개인과외로 애들을 빼돌리려고 수작 부리는 거 아니냐는 말까지 나왔지만, 진정한 스승이라면 학생에게 도움이 되는 길을 선택해야지 돈이 되는 일을 선택하면 안 된다 생각했다. 학원 챕터에서 추가로 언급하겠지만 학생이 학원을 그만두는 것이 학생을 위한 것임을 알면서도 돈에 눈이 멀어 학생을 학원에 묶어 두도록 힘쓰는 강사와 원장이 많다는 것이 참 소름이다.

모든 특목고에 진학한 아이들이 자기주도학습을 한 것은 아니다. 주입식 교육을 흡수력이 좋아서 인공지능 같은 지능으로 합격한 외우기의 달인들도 있을 것이다. 면접 내용도 5분이 넘는 원고를 외워서 토씨 하나 안 틀리고 합격한 민사고 수재도 있기 때문이다. 다만 내가 가르쳤던 애들은 지극히 평범하지만 해야겠다는 이유를 찾고 학원이나 과외선생의 도움 없이 스스로 해낸 아이들이다. 이제 당신이 그런 아이들처럼 훌륭한 자기주도학습을 실천하는 학생이 될 수 있도록 자극해 볼 것이다.

믿었던 학원의 배신, 착했던 원장님의 언성.

특목고에 진학한 나의 제자들과 내가 학생 때 학원 생활에 대한 이야기를 나누다가 공통적으로 생각하는 부분이 있어서 일화를 적어 보려고 한다. 나는 중학교 1학년까지만 학원이라는 것을 다녔던 거 같다. 수학이 어려워서 물론 고등학교 때 잠깐 한의대생에게 과외를 하기도 했지만, 의대생에게 배워도 결국 혼자 하는 게 낫다는 결론을 받았다. 중학교 2학년 때 나는 그냥 집 근처에 있는 수학학원에서 선행학습을 하기 위해서 겨울 수업을 등록한 적이 있다. 당시는 학원이 개업 초기라 홍보를 많이 하고 있는 상황이라 학생이 없어서 원장 직강으로 1대1 수업을 듣는 수준이었다.

10년도 더 지난 이야기지만 25만 원에 일주일 세 번 두 시간씩, 1대1 원장 직강 괜찮지 않은가? 너무 가성비 있다고 생각해서 배우는 게 즐거웠고 덕분에 실력은 무한히 상승했다. 원장 선생님은 나에게 수학경시대회를 나가서 학원 홍보할 수 있게 도와주면 학원비를 깎아주겠다는 제안까지 했다. 어린 마음에 5만 원짜리 문화상품권은 정말 큰 돈이었기에 나는 흔쾌히 내 실력을 학원에 투자했다. 친구들도 꼬셔서 학원에 다니도록 이야기했고 마치 다단계 시이비종교의 일원인 듯 학원을 위해서 홍보활동을 했다.

문제는 학기가 시작되고 나서였는데, 학기가 시작되자 새 학기를 맞아서 다른 학교 학생들부터 혼자 듣던 수업이 여섯 명이 가득 채워 듣게 되었다. 그 이후 3주 만에 나는 학원을 관뒀다. 그 이유를 알 수 있을까? 전혀 감이 안 온다면 학원을 자기 의지로 다니는 학생이 아닌 거다. 나는 원장에게 직접 강의를 들을 때에도 수업 진도가 28페이지까지 나갔다면 뒤의 심화문제 34페이지까지 풀어 놓고 모르는 것을 다음 시간에 질문하면서 수업을 시작하자고 한 학생이었다. 그런데 실력이 천차만별인 아이들이 섞이자마자 원장 선생님은 나랑은 하루에 5장씩 나가던 진도를 하루에 2장도 안 나가는 것이었다. 돈이 너무 아까워졌고, **지금 생각해 보면 돈보다 귀중한 시간을 학원에 낭비했다는 것이다.**

선생님들에게 꾸지람을 듣는 학생은 수업시간에 꼭 나쁜 행동을 하는 학생이 아니라는 것을 그때 처음으로 깨달았다. 정답은 수업시간에 수업을 듣지 않는 것, 수업에 성실히 참여하지 않는 학생들이 꾸지람을 듣는 것인데, 듣지 않는다는 것에는 혼자 문제를 푸는 것도 포함이었다. 내 입장에서는 학원의 수업 커리큘럼이 내가 혼자 공부하는 것보다 느려서 내게 손해인데 내가 설교 듣는 것도 아니고 제자리에 바르게 앉아서 들을 이유가 없는 것 아닐까? 나는 소비자인데? 그때부터 학원이 싫어졌던 것 같다.

그렇게 학원을 그만두게 되었다. 그때부터 진정한 의미의 자기주도학습이 시작되었다. 치킨을 먹다가 부모님께 말씀드렸다. 학원 끊겠다. 혼자 공부하는 게 훨씬 이득이다. 그 돈을 차라리 매달 용돈을 달라고 했다. 물론 용돈 받을 수는 없었다. 이게 참 신기한 게 지금 중학생 부모님들도 그렇겠지만 학원에 내는 것은 아깝지 않은데 자식이 스스로 공부하겠다고 다짐하고 그 돈의 절반만 용돈으로 달라 하는 것은 허용하지 않는다. 아마 그것은 학생을 믿지 않아서라고 할 수 있겠다.

그래도 우리 엄마는 나를 반은 믿었기 때문에, 나의 소비습관을 믿지 못해도 내가 스스로 할 것이라는 것은 믿어 주신 것 같다. 그렇기에 학원을 관두는 것을 허락해 주셨다. 학원이라는 압박감(시간적인 압박감)이 사라지니 남아도는 시간이 너무나 좋아서 처음에는 게임하는 데에 일주일의 저녁 시간을 할애했다. 그러다가 문득 게임을 얼마나 했는지 계산해 봤는데 여섯 시간을 앉아서 게임을 한 것을 보고 깨달았다. "아 여섯 시간 동안 앉아 있을 수 있구나?"

그때부터 여섯 시간의 절반인 세 시간만 한 시간은 국어 한 시간은 수학 한 시간은 영어를 하자 다짐해서 매일 공부했다. 학원에서의 두 시간은 그렇게 길었는데 혼자 공부하는 세 시간은 짧더라.

혼자 공부하는 것에 익숙해지고 혼자 공부하는 게 능률이 높은 학생 우등생들에게는 시간낭비는 고액과외로 나가는 돈보다 더 독이다. 지금이라도 혹시 학원을 끊어야 하나 계속 다녀야 하나 고민인 사람이라면 과연 내가, 내 자녀가 학원에서 도움을 받고 있는지 살펴보고 혼자서 할 수 있는지 파악한 후에 결정하길 바란다. **돈과 시간의 낭비는 있어서는 안 된다.**

야, 나 체육복이랑 음악책 좀 빌려줘라.

공부를 왜 해야 하는지 이유를 파악했고 또 자기주도학습을 하고 싶은 이유를 대강 파악한 학생들에게 특별히 중1에서 고2 사이 학생들에게(고3은 발등에 불 떨어진 걸 스스로 알 거다) 내가 학창 시절 자기주도학습을 하기 위해 사용한 구체적인 방법들을 전수해 주려고 한다.

요즘도 체육시간에 체육복을 안 가지고 와서 체육복을 빌리려고 옆 반 친구를 부르는 혹은 사물함을 뒤지는 애들이 있는지는 잘 모르겠지만, 빌려주는 것이 당연했던 '문화'가 있던 라떼에도 나는 빌려주지 않았다. 체육복 하나 못 빌려주냐 물어보는 애들도 많았지만, 남자 중학생 특성상 땀을 많이 흘리게 되는데 나는 체육복을 매주 빨아서 쓰는데 깨끗하게 관리한 체육복을 땀과 흙으로 더럽혀서 주면 빨래하는 사람 따로 있고 쓰는 사람 따로 있는 건가. **자기의 것을 소중하게 여겨 지키는 자세가 없으면 성적도 꿈도 남에게 건네주는 삶을 산다.**

깨진 창문 이론처럼, 막 쓰는 물건이나 책에는 정이 들지 않는다. 오히려 더 더럽게 쓰고 나의 것이 마치 공유지의 비극처럼 모두의 것이 된다. 누구도 그런 삶을 원하지는 않을 것이다. 그런데 그런 성향이 중학교 때 생긴다는 것은 잘 모른다. 내 지인 중에 여전히 빌려준 돈을 안 갚는 친구 때문에 끙끙 앓는 바보가 있다. 그 친구는 중학교 때부터 책 빌려주고 실내화 빌려주고 필기구 빌려주고 아낌없이 주는 나무였다.

제발 자기주도학습을 하고 싶은 학생들에게 하고 싶은 말은, 필기구와 책, 책가방과 교복까지(혹은 생활복이든) 깔끔하게 다녀 보라는 것이다. 공부... 성적향상도 향상이지만 일단 자신감이 생기고 활기차고 생활습관 자체가 바뀌면서 자기 물건, 자기 삶에 대한 주인정신을 더 기를 수 있다. 학부모라면 당장 우리 자녀가 빌려주는 삶에 끌려다니지 않도록 단속하자.

이런 자세가 갖추어졌다면 자기주도학습을 시행할 준비가 끝난 것이다. 기초실력이 부족하다면 학원을 통해서 공부라는 것을 하는 방법만 배우고 끊어 버려라. **학원에 의존하면 스스로 하는 법을 영원히 배울 수 없다.**

* 살면서 아이를 위해서 학원비를 얼마나 냈는지 계산해 보자.

학교에서 나눠 주는 수행평가지, 수업요약본, 복사 유인물 등을 깨끗하게 잘 보관하자. 보관하는 데까지만 그치지 말고 반드시 시험기간이나 수행평가 기간에 꺼내서 보면서 익혀라. 마치 게임에서 길가에 떨어진 아이템을 주웠으나 그것을 반영구적인 내 패시브 스킬로 쓰기 위해서는 특정 과정을 거쳐야 하는 것처럼, 기술을 익히기 위해서 스킬을 위한 공부를 필수적으로 하라는 얘기다. 정 버리고 싶어진다면 참았다가 학년 말에(학기 말 말고... 학기 말에 이걸 버리면 간혹 선생님 중에서 저번 학기 프린트해 준 거에 힌트가 있으니 시험 때 살펴보라 하는 쌤들도 있는 만큼 최상위권에게는 모든 자료가 소중한 것이다.) 파쇄해서 버리기 바란다.

또한 스터디노트와 족보 같은 경우 본인이 공부한 것을 요약한 것을 돈을 받고, 혹은 먹을 것에 넘기는 학생들이 많아서 그런 행동이 이해가 되면서도 안타까운 마음이다. 본인은 교회를 다니는 만큼 내가 어릴 적 성경학교에서 배운 내용이 생각이 나는데, 이스라엘의 민족의 아버지인 야곱이라는 인물과 에서라는 인물이 등장하는, 팥죽에 장자의 권한을 팔아넘긴 이야기가 생각난다. 야곱은 배고파하는 형에서에게 음식을 해 주며 형의 장자 권한을 받아서 아버지에게 축복을 받아서 제1민족이 되는데(성경 기준으로), 먹을 것에 족보를 판다는 것은 내가 공부하고 노력한 것이 딱 먹을 거만큼의 가치가 되어 버리는 것으로 나는 그 행위를 추천하고 싶지 않다.

며칠 전에도 시내버스를 기다리다가 시험기간인 학생들의 대화(대학생들의 대화였다)를 듣게 되었는데, 족보를, 아는 선배를 통해서 무료로 받은 소중한 족보를 다음 학기에 복사하여 한 장당 2천 원에 팔 계획을 하는 대학생들의 대화가 들렸다. 내가 만약 아끼는 후배를 위하여 내 공부한 것을 무료로 줬던 것을 후배가 이와 같이 행동한다면 정말 속상한 것을 넘어 화가 날 것 같았으나 이처럼 무료로 혹은 헐값에 받은 사람들은 **자기의 노력이 들어가지 않은 것에 대하여 소중함을 느끼지 못한다.**

이는 돈에 관련된 것과 같은 경향을 보인다. 쉽게 돈을 벌거나 졸부가 된 사람들은 자신이 돈을 잃어도 또 금방 돈이 생길 거라는 착각을 하게 된다. 씀씀이가 헤프게 되고 빌려주고 받지 않는 통 큰 사람?의 모습도 보이게 된다. 하지만 끝을 살펴보면 인생 말기에 항상 좋지는 않았는데, 공부 역시 마찬가지로 자기주도학습의 진정한 의미를 깨닫지 못하고 자신의 노력을 스스로 남에게 헐값에 넘김으로써 "평가절하" 하는 행위는 하지 말아야 할 것이다. 결국 언젠가 내 노력으로 내 라이벌이 나보다 좋은 대학에 가는 것을 보고 자기 스스로의 능력에 대해서 진지하게 고민하다가 깊은 방황의 수렁에 빠질 수도 있기 때문이다.

공부는 내 자신을 위해서 하는 것이다. 남을 위해서 부모님을 위해서 친구를 가르쳐 주기 위하여, 선생님의 환심을 사기 위해서 하는 행동 따위가 아닌 것이다. 스스로를 위한 것에는 내가 주도적으로 계획하고 실천해야 하며, 따라서 시간과 노력이 투자된 만큼 소중한 것이다.

중편

학교 vs 학원, 그리고 대학교.

학원 고르는 법,
좋은 학원과 나쁜 학원이 있을까?

"마약과 IT산업은 신제품에 대한 갈망이 크죠."
[이 두 개의 산업은 사용자들을 중독시키며 성장한다. 학원은
어떤가?]

당신은 학원을 다니는가? 과외가 필요하다고 느끼는가? 학원을 다
녀야 되고 과외가 필요하다고 느끼는 이유는 또 무엇일까? 일단 학생
이 진짜로 과목공부에 관한 기초도 없고 노 베이스에 아무것도 몰라
서 책에 손을 대지도 못하는데 배울 열정은 있다면 학원보다도 개인
과외를 추천한다. 대신 이 경우 개인과외교사는 열성적인 대학생이나
시간이 여유로운 아주머니 과외교사를 추천한다. 일반적인 프랜차이
즈 학원에서는 기초가 없어 헤매는 학생들은 보통 수업 내용에 짓눌
려 공부를 포기해 버리는 경우를 많이 봤고, **학생에게 아무나 과외를
맡기면 공부가 아닌 잡담에 돈 버릴 수도 있다.**

학원은 앞선 챕터에서 본인의 학창 시절을 잠시 언급하며 이야기 했듯이, 같은 강의실 안에 실력이 뒤죽박죽 섞여 있는 학원이 많다. 일부 대형 학원의 경우 테스트를 진행하여 실력별로 반을 나눠서 효율적으로 운영을 하는 경우가 많지만, 인구의 절반이 수도권에 거주하는 것이 아니므로 나머지 절반의 인구를 생각한다면 보통은 지역의 보습학원이나 소규모 정예라고 광고하는 단과학원에 보낼 것인데, 소규모 학원이 대형 학원처럼 반을 나눠서 수업할 이유가 없다는 것을 깨닫는다면 개인과외가 얼마나 더 효율적인지 느끼게 될 것이다.

모두에게 손해를 끼치는 학원의 특징.

실력별로 분반구성이 안 된 학원에서 배운다는 것은 우등생에게도, 기초가 부족한 학생에게도 모두에게 불리한 것인데, 생각해 보면 다음과 같다. 우등생은 자신의 실력보다 더 높은 곳에 올라갈 만한 기회를 놓쳐 버린다. 성향에 따라 다르겠지만, 내 앞에 누군가가 달려간다면 목표가 확실히 보이므로 그 앞의 사람을 추월하기 위하여 노력한다. 하지만 보습학원의 1등은 학원에서 자신이 가장 잘한다는 그 작은 자존감 하나로 더 높은 곳을 향해 도전하려는 마음을 버리고 안주해 버린다.

반대로, 실력이 뒤처지는 학생은 학원에서도 열심히 해도 만년 1등인 유리천장을 부수고 올라갈 자신이 없으니 항상 바닥이라는 마음을 갖게 되어 공부에 대한 마음이 점점 식을 것이고 어릴 적부터 어른들이 가르치지 않아도 스스로 보습학원이라는 체제 속에서 깨닫게 되는 계층의 구조를 느끼게 될 위험성이 있다.

반면 분반을 하게 된다면, 각자 성장하는 스토리를 전개할 수 있다. 학교와 교육부에서는 입시 위주의 상대평가 제도가 학생에게 스트레스를 준다고 절대평가로 바꿀 것이라고 계속 홍보를 하는데, 파이 자체가 커지지 않고 파이를 나눠서 누군가는 더 많은 혜택을, 누군가는 혜택을 받지 못하는 현대 사회구조 자체를 개편하지 않는 한 절대평가든 상대평가든 경쟁은 지속될 수밖에 없다. 절대평가 상대평가가 문제가 아니라는 것이다. 오히려 현재와 같은 경쟁사회에서 절대평가는 등급의 기준을 모호하게 만들 위험이 존재한다.

아 네~ 그래서 선생님, 어느 대학 나오셨는데요?

학원에서 6년을 넘게 근무해 보고 3개의 개인학원, 2개의 대형 프랜차이즈 학원에서 영어전담 강사로 일해 보며 놀랐던 것은, 의외로 많은 학생과 학부모들이 **학원강사들의 학력에 대하여 물어보거나 실**

력에 대하여 의문을 제기하지 않는다는 것이다. 참으로 신기했다. 학원은 학교처럼 어떤 시험을 통과하거나 교사 자격증을 가져야만 가르칠 수 있는 곳이 아니다. 전문 자격증을 갖고 있는 학교 선생님들에게는 전화로 항의하고 갑질로 따지는 분들도 많고, 돈을 내는 학원에선 학원 선생님에게 아이 잘 부탁한다고 선물공세 하는 강남 8학군의 학부모들을 보면 이해가 되지 않았다.

정말 학원에서 일하다 보면 듣도 보도 못한 대학을 졸업하거나 대학을 3학년까지만 다니고 중퇴하여 강사로 십몇 년을 일하고 있는 선생님들도 많다. 절대 그분들을 학력으로 비하하는 것은 아니지만 참으로 이상하지 않은가? 영어를 가르치는 선생이라는 사람이 자기 자신은 알고 보니 토익이 600점도 나오지 않는 사람이 다수고 수능 영어를 치르게 하면 3등급 미만으로 받을 사람이 대다수인 지방 학원의 강사들에게 자신의 아이를 맡기고 싶은 학부모가 몇이나 될까?

* 학부모에게 묻는다. 어릴 적 자녀가 초등학교 때 숙제를 도와주거나 공부를 가르쳐 본 경험은 있을 것이다. 중학교 수준의 사회과학은 부모님이 함께 공부할 실력은 있지 않을까?

그래 놓고 이런 강사들은 학생들에게 열심히 공부해라 열심히 안 하면 대학 가서 후회한다 등의 이야기를 하는 경우도 많다. 웃기지 않은가? 대체 무엇에 그리 성공한 인생들이라고 잠재력이 본인들보다 뛰어날 수도 있는 학생들에게 이렇게 해라 후회하기 싫으면 등의 말을 한다는 말인지 이해할 수 없다. 그래서 나는 학생들에게 수업 전에 학력에 대한 인증과 학원강사 경력 등을 밝히고 시작했다.

학생들에게 이것을 증명해 주고 나면 학생들은 그다음 주쯤에 내게 와서 "쌤 국어쌤 진짜 듣도 보도 못한 지방대였어요 인서울 나온 줄"이라는 타 과목 선생님에 대한 무시의 말투도 간혹 들을 수 있지만, 생각해 보자. 학원은 학교와 다른 교육기관이다. 학원은 실력향상을 위하여 다니는 사교육 기관이다. 거기서 강사가 자신이 스승이 되었다고 착각하고 학생에게 인성이나 인생을 가르치려 하면 안 된다.

나는 학생들에게 나를 강사라고 부르지 선생님이라고 부르라고 허용하지 않는데, 그 이유는 선생님은 진짜 스승, 담임선생님이나 내가 정말 존경하는 선생님에게만 주는 특별한 호칭이라고 생각하기 때문이다. 강사라고 부르기 뭐하면 그냥 쌤으로 부르라고 한다. 나는 선생이라기보다는 강사에 가까운 사람인 것을 스스로 인지하기 때문이다.

나는 돈이 좋아~ 여보게 어서 일을 하게!

한 학원 강사직 면접을 볼 때 일화를 이야기하도록 하겠다. 연세대학교를 다닌다고 하니 학원 원장은 눈이 똥그래지며 다른 강사에게 요청하지 않았던 중고교 성적표와 반편성 테스트를 진행했다. 필요한 모든 서류와 대학교 전액장학금 증명서까지 보여 주니 시급을 다른 강사보다 두 배로 쳐줄 테니 기본 3개보다 많은 반을 맡아 달라는 말을 했던 기억이 있다.

나는 문득 학원 원장의 학력도 궁금해서 여쭤봤는데 버럭 화를 내시면서 그런 건 왜 궁금해하냐는 말을 들었다. 가르치는 사람이 내용 잘 가르치기만 하면 되지 학력이 무슨 상관이냐고 하는 그녀의 말에 Y대 전액장학금 증명서를 보면서 시급을 두 배로 준다는 사람이 누구였는지, 내 앞에 있는 사람이 맞는지 헷갈릴 정도였다(나중에 알고 보니 원장의 학력은 제주한라대학교 사회복지학과를 졸업했었다).

나는 학원 원장에게 시급은 그대로 줘도 되니 반은 기존의 3개의 반을 맡는 조건으로 계속 하겠다고 했다. 내가 더 많은 돈을 거절한 이유는 단 한 가지였다. 많은 학생을 가르치게 되면 내 체력이 소진된다. 이는 결론적으로 개별 학생들에게 투자하는 노력과 시간이 줄어드는 역효과를 낳게 되고, **내 능력껏 가르치지 못하니 자연히 학생의**

성적향상에 도움이 되지 못하는 결과로 이어진다.

가르치치 말고 도와주는 헬퍼가 학원선생님이다.

나는 가르치는 사람이지만 나 스스로 생각할 때는 가르친다는 것이 아니라 도와주는 것이라고 생각한다. 공부는, 자기주도학습은 가르쳐서 되는 것이 아니다. 공부를 하는 이유를 찾는 것도 "이유는 OOO 이니까 이제 알겠지?" 이런 식으로 세뇌시켜지는 것도 아니고, 이유와 방법은 배우는 학생 스스로 찾는 것이다. 강사는 단지 그 방법을 찾도록 도와주는 것이다. 학원에서 '선생님이 가르쳐 줬는데 왜 이해를 못하니'라고 하는 강사들을 이해할 수 없다. 다시 한번 말하지만 강사들은 가르치는 게 아니다. 강사는 단지 보조다. 학생의 공부를 할 수 있는 보조의 역할을 하길 바란다. 학원은 의무교육이 아니다. 학생이 언제든지 그만두고 싶으면 그만둘 수 있는 헬스장 피시방 월 회원 이용권 같은 것이다.

학원 강사들에게 하고 싶은 말은, 학교 선생님과 동일한 위치에 있으려고 하지 말라는 것이다. 학생들은 요즘 아이들이 많이 약아서 어른들이 티 나게 행동하면 바로 알아차린다. 학원강사는 강사다. 학원 선생님의 호칭을 받을 수는 있지만 스승이 될 수는 없다. **학교쌤에게**

카네이션을 달아 드리는 것은 흔한 일이지만 학원쌤에게 꽃을 달아 드리며 감사하다고 찾아오는 경우는 극히 드물다는 것을 생각해 보길 바란다.

그나마 나은 학원을 고르는 방법.

앞선 내용에서 지방에서는 실력에 따라 분반이 되지 않은 학원보다는 과외를 더 추천했었는데 그래도 학원을 굳이 다니고 싶다면, 고교생의 경우 체계적인 관리가, 주기적인 레벨테스트와 스터디 코칭, 명사특강 등을 곁들인 대형 유명 프랜차이즈를 찾아서 다니길 추천한다. 요즘은 대형 프랜차이즈 같은 경우 인구 30만 이상의 도시들은 웬만하면 찾을 수 있다. 만일 학생이 읍면이나 작은 단위 도시인 군에 거주하고 있다면 학원에 대한 열성만 있다면 조금 일찍 출발하고 조금 늦게 집에 들어오는 대신 시내로 나가서 학원을 다니길 바란다. 이렇게 다니는 게, 돈 버리고 지방의 분반되어 있지 않은 학원에서 배우는 것보다 유익하다.

만일 너무 지방도시에 살고 있어서 대형 프랜차이즈 학원은 꿈도 못 꿀 상황이라면, **원장의 학력과 경력이 명확히 표기된 원장 직강 학원에 등록하기 바란다.** 분반 체제로 실력을 나눠서 가르치는 것이 아니라면 그래도 학창 시절에 공부 잘했던 원장강사에게 배우는 것이 유리하기 때문이다. 한 번 더 생각해 보자. 학원은 돈을 내고 다니는 곳이다. 배우는 사람이 소비자고 가르치는 사람 도와주는 사람은 판매자다. 판매자에게 한소리 들으면서 물건 구매하는 고객은 없다. 학원을 고르고 학원 상담을 할 때는 항상 소비자의 입장에서 하자.

애들아 무슨 일이 있어도 그놈만은 피해야 돼...

중학생 때의 학원을 고르는 방법은 단순하다. 원장과 상담 시 대학교 알바강사가 있는지를 물어보고 대학교 알바강사가 없는 학원에 등록하면 된다. 기본적으로 원장의 학력도 어느 정도 네임밸류 대학교 학부를 졸업하면 검증된 것이다. 여기서 왜 "학부"를 강조하냐면 **학부는 실제 수능을 치르고 들어가는 과정이기 때문이다.** 중고등학교 때에 공부에 손을 놓고서는 인서울 대학에 들어갈 수 없는 현실을 생각하면 공부를 가르칠 만큼의 실력이 있다는 것을 증명하기 때문이다. 반대로 좋은 대학의 대학원을 석사과정을 마친 사람이다 싶으면 반드시 학부가 어디인지 물어봐라. 학부가 의외로 지방의 알 수 없는 대학인 경우가 많기 때문이다. **석사는 서울대 대학원도 경쟁률이 낮은 건 비밀이다.**

대학교 알바강사가 없는 학원에 등록해야 하는 이유는 단순하다. 생각 외로 아이들은 가르치는 강사와의 교감이 중요하다. 대학생 강사의 경우 계약기간이 6개월 이내인 경우가 많고, 대학생의 특성상 무슨 연유로 일을 빠르게 그만둬야 할 경우가 생기면 그 피해는 온전히 학생이 지게 된다. 생각해 보자, 분기마다 쌤이 바뀌면 배우는 학생 입장에서 혼란스럽지 않을까?

옛날에 〈놈놈놈〉이라는 영화가 있었다.[5] 대학생 학원강사 중에서도 놈놈놈이 있다. 교재 자주 바꾸는 놈, 커리큘럼이 예전 쌤과 확연히 다른 놈, 안 가르치고 대학 얘기로 시간 끄는 놈 등등... 학원을 찾을 때는 참고하길 바란다.

교재를 자주 바꾸는 이유는 단순하다. 학원쌤이 된 대학생이 자신이 공부했던 책으로 학생들을 가르치면 더 효과적이라고 자의로 '판단'해서 그렇게 하는 것인데, 정작 새 교재를 사서 비용낭비를 해야 하는 학생의 입장은 생각하지 않는 경우가 많다. 앞서 언급했지만 배우는 사람은 고객이다. 소비자가 원하는 것을 소비해야 하는데 소비해야 할 것을 정하는 판매자는 무례한 판매자다. 커리큘럼도 마찬가지다. 예전 쌤과 비교를 당하기 싫어서 자신만의 아이디어로 학원 학생들을 상대로 이 방법 저 방법으로 테스트해 보는 것은 학생의 입장이

---

5   좋은 놈, 나쁜 놈, 이상한 놈 - 김지운 감독, 2008년작 주연 송강호, 이병헌, 정우성

되어 성적에 갈급함을 느끼고 대학에 간절함을 원하는 것에 대한 공감능력이 없는 것이다.

마지막으로 대학 얘기나 연애 얘기 등으로 시간 끄는 경우는 최악이다. 돈을 내고 시간을 투자해서 가르치라고 맡긴 강사가 공돈을 벌면서 공부도 방해하는 것은 정말이지 강사인 내가 생각해도 최악이다. 간혹 유사상품으로 수업시간에 피자나 치킨 과자 등을 시켜서 먹으라고 하면서 진도는 적게 나가서 놀고 먹으려고 학원강사를 하는 대학생도 존재한다.

중학생 학원 고르는 꿀팁.

중학생의 경우 과목별 학원 고르는 법은, 본인의 추천으로는 암기과목은 학원을 통해 공부하지 말고(중학교 때 암기과목만큼 쉬운 과목은 없기 때문에), 시험도 쉽고 내용도 쉬우니까 평소에 수업에서 재미 삼아 듣거나 시험 일주일 전에 빠삭하게 읽어도 웬만한 점수는 나온다. 영어와 수학은 향후 성인이 된 이후까지 필요할 걸 생각하여 배워 두는 것도 좋다고 할 수 있다. 간혹 수학은 왜 필요하냐고 묻는 학생들이 많다. 아버지가, 삼촌이 말하기를 수학은 사칙연산만 잘하면 되는데 왜 군이 로그함수니 미적분 같은 걸 해야 하냐고 묻는데 그럴 때마다 나는 이공계열 기초로 수학을 배우는데 대학수학 과정의 기본이 로그함수와 미적분이라는 사실을 알 것을 강조한다.

중학생의 경우 수학과 영어는 기본기부터 다지기 위하여 내용을 아무것도 모를 때에는 학원을 통해서 공부에 도움을 받기를 바란다. 특히 수학은 문제집과 친해지는 시간이 있어야 실력이 느는데 기본적인 수학 문제를 해결하고자 하는 열성이 생기지 않으면 책을 펼치기도 어려운 과목이기 때문에 **수학책과 친해질 수 있는 학원, 원장님이 좀 재밌게 생긴? 인상을 가진 분의 학원이면 기초실력 늘리는 데에 큰 도움을 받을 수 있다.** 처음부터 레벨테스트로 실력 나누고 배우면 수학에 부담감을 느끼게 되는데 공부에 방해를 받을 위험이 있다.

일단 실력이 어느 정도 향상되고 나서 개념이 완성되고 문제도 응용문제를 학원이나 학교 선생님의 도움 없이(틀린 문제는 답지를 보고도 스스로 풀 수 있는 경지에 이르렀을 때) 풀 수 있게 되었을 때, 학원을 끊고 스스로 공부하길 바란다. 다만 그 전 단계까지는 재정적으로 불리하면 학교선생님과 친해져서 쉬는 시간마다 물어보고 학원에 다니는 학생이면 기본기와 응용기를 기르길 추천한다.

영어과목의 경우 학원을 끊을 수 있는(그만둘 수 있는) 시기가 더욱 빨리 찾아온다. 영어는 기본적으로 단어를 외우고 문장을 해석하는 방법만 익히면 쉽기 때문에 학원에서는 두 가지만 배우면 된다. 첫째, 문법에 관하여. 문법은 어렵다 생각하면 문법만큼 어려운 것이 또 없다. 본인 생각에 그 이유는 학교나 공공기관 공무원 등의 임용영어 시험에서 문법 관련 문제를 킬러문항으로 많이 출제하기 때문이다. 하지만 그 어려운 문법도 영어를 제대로 해석할 수 있는 방법만 익힌다면 to부정사가 어쩌고 관계대명사의 형용사적 용법이 어쩌고 같은 문법지식이 거의 없더라도 해석하고 문제 푸는 데에는 전혀 지장이 없다.

이 책은 영어 관련 도서는 아니지만 본인이 과외하는 과목이 영어인 특성상 영어교육 관련 팁을 몇 가지 적어 보도록 하겠다. **영어 문장은 기본적으로 맨 앞의 시작 부분과 맨 끝에서 두 번째 세 번째 문장의 결론에 도달하는 문장을 먼저 읽고 다시 순서대로 빠르게 훑으면 웬만한 문제의 80프로 이상은 풀 수 있다.** 다만 단어를 몰라서 해석이 안 되는 경우는 제외한다. 단어를 모른다는 것은 한국어에서 글자를 모른다는 것과 다를 게 없기 때문에 애초에 글을 읽지 못하는 것과 다름없다. 영어에서는 기본 중의 기본이 단어를 아는 것임을 잊지 말자.

단어를 외우는 방법 역시 크게 어려울 것이 없다. 매일 실천하기가 귀찮을 뿐이다. 당신이 만약 중학교 2학년 이하의 나이라면 더욱 영어 시작에 있어서 좋은 때다. 지금 당장 스마트폰에 초등필수 영단어

800개 어플과 중고등필수 2200영단어 어플을 다운받아서 매일매일 보면서 공부해 보자. 하루에 한 시간씩만 중2부터 고3 때까지 투자하면, 5년의 영단어 암기 덕분에 수능영어는 기본이고 향후 취업 전선에서 크게 쓰일 토익 900점대의 성적표를 보상으로 받게 될 것이다. 또한 단어를 외우면서 입으로 문장 등을 내뱉는 연습을 한다면 영미권 국가의 자유여행 시에도 큰 도움을 받을 수 있다.

챕터 6

학원비 vs 해외여행.

"해결책을 제시하지 않고 단지 문제에 대하여 불평 불만을 갖는 것을 우리는 '징징댄다'라고 말한다." - 시어도어 루즈벨트 (Theodore Roosevelt)

학원비를 당연히 내 자녀를 위해서 내야 한다고 생각하는 학부모들과, 우리 엄마 아빠가 내 학원비 당연히 내줘야 하는 거 아니야?라고 생각하는 학생들에게 뼈 때리는 말을 하고자 한다. 팩트폭행 당할 준비되었는가? 단순하게 학원 안 다니고 공부 스스로 잘하는 학생은 좋은 학생이고, 학원에 의지해서 스스로 할 줄 모르면 바보다 이런 주관적인 의견이 들어간 말을 하려고 하는 게 아니다. 숫자에 의한, 돈 계산에 의한 객관적인 지표로써 살펴보려고 한다. 이 세상에 돈 싫어하는 사람은 없다. 돈을 좋아하지 않는다고 이야기는 해도 돈 싫다고하는 사람은 없다. 돈 버는 일에 싫증이 나서 이놈의 돈! 하는 사람은

98

제외한다.

저자 소개에서도 적었듯 본인은 해외여행을 40번 이상 다녀온 사람이다. 그 마흔 번의 여행 중(대략 80번이 안 되는 횟수의 비행기 탑승을 한 것 같다), 다녀 본 각각 다른 국가를 세 보면 서른네 곳 정도가 된다.

(2023년 그리스 칼람바카 메테오라에서)

(2024년 인도 타지마할에서)

나는 여행을 정말 좋아한다. 특히 코로나 이후 여행 제한이 풀렸을 때에 모아 둔 돈을 탈탈 털어서 여행을 다녀온 기억이 있다. 학원 다니는 거에 대하여 설명하다가 갑자기 뭔 해외여행인가? 생각할 수도 있다. 기억을 되살려 보자. 보통의 가정에서 우리 가족여행 다녀올까? 하면 가장 먼저 하는 말이 뭔지.

엄마엄마, 아빠 우리도 민수네처럼 여행갔다오면 안돼요?

"돈이 어딨어... 돈 부족한데 애들 학원비 낼 돈도 없는데..."라는 말을 하는 가정이 의외로 많다. 학생들은 여행이 즐거우니까 학원비

내지 말고 여행 가자라고 쉽게 이야기할 수 있다. 반면 부모님들은? 학부모의 마음은 무겁다. 학원비 내는 것은 안 아까운데 해외여행을 가는 비용은 괜히 더 부담된다. 이게 어디서부터 이렇게 된 걸까?

원인은 대학 위주의 입시과열로 인한 학원교육 유행 때문이다. 그 유행이 옳고 그름을 이야기하는 시간은 아니니까 제쳐 두더라도, 과연 학원에 내는 돈 30만 원과 학원을 열 달 안 가서 방학 때 가족 넷이서 보라카이 패키지를 갈 수 있는 비용을 다른 돈으로 인식하는 걸까?

숫자로 구성된 많은 것들이 있다. 사실 모든 것은 수로 표현할 수 있다. 윌리엄 톰슨 켈빈남작이라는 사람은 "우리가 말하는 것을 수량화할 수 있고, 수량화하여 측정할 수 있을 때, 우리는 그것에 대하여 무언가 알고 있다고 말할 수 있다."라고 말했다고 한다.

당신은, 학원의 교육에 대하여, 혹은 여행의 중요성에 대하여 잘 아는가? 수량화하여 수치화하여 한 번이라도 제대로 계산해 본 적이 있는가? 오늘 이 시간을 통해서 당신은 학원의 필요성에 대하여 스스로에게 답을 줄 수 있을 것이다.

짜잔~ 모두가 좋아하는 돈계산이다

2024년 12월을 기준으로 하여 성수기인 12월과 1월의 해외여행 패키지 가격들을 대략적으로 살펴보겠다. 기준으로 잡는 여행사는 하나투어, 모두투어, 노랑풍선, 참좋은여행, 여행박사 등의 여행사 가격들의 평균을 잡아서 한국인이 주로 찾는 여행지인 일본과 베트남 및 서유럽 패키지를 기준으로 하여 학원비와 비교하는 시간을 갖도록 하겠다.

평균을 잡아 보면, 정확하지는 않아도 인당 320만 원 정도면 서유럽 3개국 12일 패키지 여행을 다녀올 수 있다. 일본의 오사카의 경우 4일 기준 인당 57만 원, 홋카이도는 오사카보다 조금 더 비싸서 4일 기준 112만 원, 베트남의 다낭과 나트랑은 각각 4일 코스로 42만 원

정도 한다.

학생이 영어와 수학을 각 1개씩 총 두 곳의 학원을 매달 다닌다고 한다면 자습을 하는 자기주도형 학생과 비교하여 중학교 1학년부터 고등학교 3학년까지 6개년을 계산하면 얼마나 더 지출하고 사는 걸까? **학원 두 곳이 합산 50만 원이라고 가정하고, 12개월을 곱하고 거기에 6년을 다니니 6을 곱하면 총 3600만 원이 된다.** 물론 적금 복리는 계산하지 않았다.

* 지금 당장 나의 학원비 지출을 계산해 보자. 지금부터 대학교에 갈 때까지 들어갈 모든 학원비 지출을 계산해 보고 이만큼의 돈이 생기면 무엇을 하고 싶은지 생각해 보자.

3인 가족이 6년 동안 서유럽패키지(3인 기준 1천만 원) + 오사카와 홋카이도(3인 기준 두 곳 합산 510만 원) + 베트남 다낭과 나트랑(3인 기준 250만 원)을 모두 여행 다니고도 1900만 원가량이 남는다. (3600-1800 이내)

1900이면 국공립대 8개의 정규학기 비용인 대략적으로 1600만 원 ~ 1700만 원을 지불하고도 노트북 등의 대학생활에 필요한 물건 구입 비용까지 남는 큰돈이다. 그 정도로 큰돈을 아낄 수 있다. 새삼 학원비가 얼마나 큰돈인지 알 수 있다. 학부모라면 생각해 보자. 이 돈이 6

년 뒤에 갑자기 생기면 무엇을 하고 싶은지 진지하게 생각해 보자. 그리고 학생에게 아이에게 혼자 공부를 시작할 수 있겠냐고 진지하게 물어보자. 꼭 돈을 쓴다고 공부 잘하라는 법은 없다. 뛰는 놈 위에 나는 놈 있고 나는 놈 위에 즐기는 놈 있다고 하지 않는가. **즐기도록 하는 법을 아는 애라면 혼자 할 수 있는 걸 돈을 써 가면서 도움 받아 할 이유는 없다.**

학생들이 대학에 입학하여 학우와 친해질 적에 분위기를 띄우기 위해서 여행에 대하여 이야기를 하는 것을 알고 있는가? 학생들은 한번 생각해 보자.

* 수중에 3600이 생기면 가장 먼저 할 일은 무엇인가? 앞 장 질문의 구체적 숫자다.

비용을 살펴봤을 때에 놀라는 분도 계실 거고 아이 교육을 위한 투자인데 이 정도야 뭘 하면서 대수롭지 않게 생각하는 분들도 있을 것이다. 그렇다면 공통적으로 한 가지 더 물어보겠다. 과연 이래도 여행이 해외여행이 사치인가? 그렇다고 대답한다면 반대로 학원을 보내는 것은 사치가 아닌가? 여전히 모두가 해야 하는 필수적인 요소인가? 물어보고 싶다.

나는 정말이지 비록 학원에서 근무했었고 개인 과외를 운영하면서도 항상 학원과 과외는 사치라고 이야기하고 사는 사람이다. 일단 어원으로 사치가 무슨 뜻인지부터 살펴보자. 국어사전에 따르면 사치란, '**필요 이상의 돈이나 물건을 쓰거나 분수에 지나친 생활을 함**'이라고 나와 있다. 우리 쓸 거 아껴서 애들 학원비에 보태야지~라고 한다면 이건 분수에 지나친 생활을 하는 것에 틀림없다. 사치인 셈이다. 분수란 자기 신분에 맞는 한도라는 뜻이다. 평등한 사회가 된 지 오래라 신분이란 것은 존재하지 않지만 여전히 사람들은 버는 소득의 수준으로 계층을 나눈다. 그래서 그런지 다들 자기 수준에 맞게끔이라도 교육시키려고 안달인 것 같다.

* 나의 자녀가 월 50의 학원비가 들어간다면 재벌집 자녀에게 맞는 월 비용은 얼마일까?

유럽 가 봤니? 미국 가 봤니? 일본 가 봤니?

생각해 보자. 친구들이랑 교실에서 이야기를 나눌 때에 너 학원 몇 개 다녀?라는 질문에 귀가 쫑긋하는지 아니면 니 해외여행 가 봤어?라는 말이 더 귀 기울이게 되는지 말이다. 보통이라면 애어른이 아닌 이상, 아니 애어른이어도 뒤의 말에 귀 기울이게 되어 있다.

학원을 끊고 스스로 학습하는 기간을 중1부터가 아닌 고1부터라고 절반의 기간을 줄여도 여전히 3년 앞서 학원을 끊고 스스로 공부함으로 인한 1800만 원이라는 거액이 생긴다. 이 금액은 대학교 학비 마련과 위에서 언급한 5개국 해외여행 중에서 택할 수 있는 자금을 마련해 준다. 지금 이 책을 읽는 당신은 어떤 삶을 살고 싶은가? 혹시 다니고 있는 학원이 내게 별 효과가 없다고 생각하는가? 엄마가 아는 분이 운영하는 학원이라서, 친구들이 다 그곳에 다녀서, 전교 1등이 다닌다는 학원이어서, 혹은 선생님이 너무 잘 대해 주셔서 끊기 미안하고 불편하다면 **이제부터라도 마음을 바꿔서 진짜 내 인생에 필요한 선택이 무엇인지 고민하길 바란다.**

학부모도 마찬가지다. 아이에 대한 불신 때문에 내 아이가 학원 없이는 절대 혼자 공부하지 못할 것이라는 강한 확신 때문에 학원을 보내고 있다면 이번 기회에 자녀와의 공부에 대한 깊은 대화를 통해서 어떠한 방향이든 확실한 선택을 하길 바란다.

나는 학원비가 너무 아깝다는 생각이 들어서 과외비용이 너무 아깝다는 생각이 들어서 어렸을 때 기이한 행동을 두 가지를 했다. 여기서 기이하다는 것은 기괴하다는 뜻은 아니고 남들이 보통 하지 않는 특이한 행동을 했다는 것이다. 한 가지는 미술 그림 과외를 받던 중 나는 과외비에서 만 원짜리 한 장을 빼서 식탁에 올려 둔 적이 있다. 사실 그때 만 원 한 장을 뺀 것은 과외가 그만큼의 가치를 하지 못한다는 생각에 기인하여 한 행동이다. 돈을 가지고 싶었다면 몰래 내 방에 숨겨 놨을 테지만 부모님께 걸리고 나서는 솔직하게 그 정도 가치를 못하는 것 같아서 그랬다고 말씀드렸고, 그때 내 나이 8살 부모님은 이후로 의미가 없는 학원이나 과외는 이와 같이 틀린 행동은 하지 말고 직접 내 입으로 별로인 것 같다고 말하라고 교육해 주셨다.

생각해 보면 부모님의 훈육 방식이 지금의 나의 자아 형성에 큰 영향을 끼친 것 같은데 이는 중학교 때에도 영향을 끼쳤다. 중학교 적수학학원이 더 이상 내게 도움이 되지 않는 것 같다는 판단을 한 이후 부모님께 말씀드려 학원을 끊게 되었고, 요구대로 학원비의 절반을 용돈으로 받는 것에는 실패했지만, 학원을 끊고 스스로 공부하여 성적이 더 오른 덕분에 공부에 대한 나의 자신감과 자아 효능감은 크게 올라갔다.

학원 관련 챕터의 일곱 장을 읽고도 "아니야 그래도 학원은 필수야"라고 생각하는 사람들이 여전히 있을 거라고 생각한다. 물론 나도 기본기가 아예 없는 경우는 학원에서 시작하는 것이 백날 눈과 귀에 들어오지도 않는 인강을 듣는 것보다야 낫다고 생각한다. 하지만, '그래도 학원은 필수야'라고 생각하는 "학원필요론자"분들을 위해서라도, 학원에서 과연 어떻게 수업을 들어야 투자한 돈의 두 배 이상의 공부 지식을 체득할 수 있는지 적어 보려고 한다.

교육 투자가 사치가 아니고 필수로 해야 한다고 믿는 분들이라면 당연히 자녀에게도 학원에서 수업을 빠짐없이 열심히 들으라고 할 것이다. 그렇다면 그분들은 학원에서 자녀가 다음과 같이 수업을 듣고 공부하기를 바라야 한다.

"단순하지만 모두가 하지는 못하는 것"을 실천하도록 격려해야 한다. 단순하지만 모두가 하지 못하는 것? 그게 뭘까? **그것은 바로 "질문"이다.** 의외라고 생각하겠지만 학원에서 7년을 넘게 일하면서도 공부를 잘하건 못하건 간에 질문을 밥 먹듯이 자주 하는 학생을 본 적이 없다. 다들 수업을 듣기만 할 뿐, 문제를 틀리면 쌤 몇 번째 문제 풀어주세요 이해가 안 돼요 정도 수준의 단순 요청을 하지 진짜 질문을 하진 않는다. 제발 당당하게 물어보고 미친 듯이 대놓고 물어보기를 바란다.

Where is the toilet?

물어보는 질문 능력이 없다면 학원 갈 돈으로 해외여행을 가는 것이 차라리 낫다. 여행을 통해서 뭔가 깊게 깨닫는 학생들도 많기 때문이다. 설마 질문하는 법을 몰라서 물어보는 사람이 없기를 바란다. 왜냐하면 그 질문을 물어보는 것 자체가 질문이니까. 결국 질문이라는 것은 '관심'이다. 관심을 갖고 아 그래 나 이거 써먹어야지, 나 이거 제대로 배워서 알아 가야지라고 생각을 하게 된다면 학원을 끊을 준비는 다 된 것이다. 그런 학생에게 학원이나 학교나 동일한 조건이 되는 것이다.

생각해 보면 이런 질문하는 능력이 높은 학생들에게는 학교가 학원보다 이득이고 유리하다. 학원이라는 곳은 학교와 다를 것이 없다. 차이점을 굳이 뽑자면 무료가 아닌 유료이고, 학교보다 조금 더 소수의 인원이 수업에 집중할 수 있는 것뿐이다. 학교에 등교했을 때 수업 때 열심히 하고 나면, 남들이 다들 학원 갈 시간에 당신은 운동이나 혹은 정신 환기 겸 게임을 하거나, 친구랑 놀거나 건전한 두근두근 연애를 하거나 가족끼리 좋은 시간을 보낼 수 있다. 학교에서 배우는 것이 학원에서 배우는 것보다 낫다고 나는 생각하는데 다음 챕터에서 그 이유를 설명해 보겠다.

요즘 시대는 학교에서 배우는 게 학원보다 더 낫다고 생각한다.

"그게 무엇이든, 학생에게 자존심이 아닌 자부심을 키워주는 교육이야말로 비로소 가르침을 줄 수 있다."

살면서 '단군 이래'라는 말을 써 본 적 있는가? 있다면 당신은 역사적으로 대단하거나 높은 수치를 띠는 무언가를 발견하며 살았던 사람이다. 앞서 챕터 6에서 학원에서 뽕 뽑는 방법으로 질문하는 능력을 기르라고 이야기해 준 것에 아쉽다고 느낀 독자들도 많을 것이다. 그래서 이번에는 챕터 7의 내용을 기술하기에 앞서서 학원과 학교의 장점들을 비교하면서 내가 왜 요즘 시대에는 학원보다 학교에서 공부하는 것이 더 나은 선택인지에 관하여 이야기해 보도록 하겠다.

지금 학교에서 가르치는 선생님들은, 단군 이래 가장 최고학력 교사고, 10대 때에 어느 세대보다 학원과 과외를 많이 받아 본 MZ 선생

님들이다. 사실 이 한 문장만으로도 나라면 그래 학교가 학원보다 낫지 생각하겠지만 의아해할 독자들을 위해서 학교와 학원의 장점들을 나열해 보고자 한다. 다들 공감할 내용 위주로 적었으니 장점 중에서 처음 보는 장점이 있다면 앞으로 학원을 고를 때에는 그런 장점을 맞춰 줄 학원을 찾고, 학교의 장점 중에서 처음 보는 게 있다면 앞으로 학교에서 공부하고 생활할 때에 이 장점들을 활용하는 귀재가 되길 바란다.

학교, 너에 대해서 깊게 생각해 본 적이 없어.

학교의 기본적인 장점은, 사회적 상호작용을 배울 수 있는 사회집단 기초단위라는 것이다. 학교에서는 각 동에서, 혹은 시 군 단위의 다양한 배경과 성향을 가진 친구들을 만날 수 있고, 학교 내에서 발생하는 여러 좋은 일과 나쁜 일들을 겪으며 협력, 갈등 해결, 공동체 의식 기르기 등의 시간의 흐름에 따라 자연스럽게 배울 수 있는 폭넓은 사회 경험들을 제공한다.

또한 '공교육'으로서, 모든 학생들에게 기본적으로 균등한 학습 기회를 제공하며 단순히 학업만 가르치는 것이 아닌 체육, 예술, 음악, 리더십 등의 전인적인 교육을 경험할 수 있는 좋은 환경을 제공해 준다. 학교는 과목을 가르치는 선생님들을 기본으로 하여, 상담 선생님,

특수교사, 진로지도 선생님, 보건선생님 등의 학생의 상황에 필요한 인력이 배치되어 있어 학습 지원에 탁월한 구조를 지녔고, 학생들이 일과 시간의 대부분을 보내는(9시부터 3시, 4시) 공간으로, 학습뿐만 아니라 정서적인 교육과 인내심을 기를 수 있는 좋은 공간이다.

학교는 수십 년간 쌓인 데이터를 기반으로 정해진 시간표를 운영하며, 이는 학생에게 일관된 학습 리듬 유지를 시켜 주고, 영양가 있는 급식 제공을 통해 규칙적인 식습관 형성에 도움을 준다. 학원에서는 쉬는 시간에 애들이 편의점을 많이 이용하는 걸 비교하면 어떤가?

학원, 너의 역할은 선행학습이고 성적향상일 뿐인 거야?

학원은 시험 점수 향상을 위하여 제공되는 시스템을 갖춘 경우가 많다. 국가 교육과정에 맞춰 체계적으로 정해진 순서대로 배우는 학교와는 다르게, 학생 혹은 학원강사의 선택에 따라 선행학습과 복습에 자유로우며 특정한 교과목에 치중하여 학습하거나 초단기완성반 모집 등의 단기적인 목표를 잡아 교육을 제공하는 경우도 있다. 학원은 다 같이 진도를 맞추며 학습 진행을 나가야 하는 학교수업과 비교하여 소규모 혹은 개별 맞춤식 강의를 통해서 효율적이고 집중적인 학습이 가능하다. 또한 학생의 성향에 따라서 학습 스타일을 조정해 주는 전문 강사를 활용하여 성적 향상을 극대화시킬 수도 있다.

학원은 시험 대비용 문제풀이와 기출 분석에 따라 최적화된 수업을 진행하고 주기적인 모의고사 풀이와 피드백 및 모니터링으로 성적 관리를 체계적으로 할 수 있다. 또한 실력별 반 편성을 통해 비슷한 수준의 학생끼리 수업을 들음으로써 자기 수준에 맞는 학습을 할 수 있다. 시간을 분배하여 틀린 문제에 집중하여 풀이함으로써 학생의 취약한 부분에 초점을 맞춰서 보완해 나가는 보충학습 기능을 수행하기도 한다.

여기까지만 봐도 학교는 수업 강의 자체의 효율성보다는 환경의 안정성을 더 추구하는 곳임을 알 수 있을 것이다. 반면 학원은 학교와 비교했을 때 굉장히 체계적이고 성적향상을 위하여 미친 듯한 효율을 이끌어 내기 위하여 다니는 곳이다. 더 비교해 보도록 하자.

학교와 학원의 비교.

학교는 공교육으로서 비용부담이 거의 없다. 교통비와 간식 비용 필기구 구입 비용 등이 요즘 시대 학생들에게 들어가는 비용의 전부다. 반면 학원은 생활 수준에 따라 다닐 수 있는 학원의 수도 다르고 경제적 여건에 따라 접근성이 제한되는 만큼 학습의 차별이 존재한다는 점이 특징이다. 학교는 대학 진학뿐만 아니라, 진로 탐색 등의 장기적인 삶의 방향성에 대하여 고민할 때에 도움을 줄 수 있는 조건을 갖추고 있지만 학원은 성적향상과 대학진학을 위한 단기적 목표를 이루기 위한 과정이 많다.

　시간에 대하여 이야기해 보자면, 학교는 정규시간 내의 학습이 특징이며 따라서 시간관리에 부담이 없고 학원을 다니지 않는다면 방과 후 활동 등을 신청하여 자율 선택학습을 병행할 기회가 열려 있다. 반면 학원은 학교가 끝난 이후 주로 저녁 시간대에 진행되므로 일과 마무리 단계의 피로감이 쌓여 학습효과가 떨어질 위험성도 존재한다. 다만 이는 학생이 잠을 줄이면 공부하고 싶은 만큼 학원에서 더 배울 수 있다는 학습시간의 증폭이라는 특징을 장점으로도 생각할 수 있겠다. 하지만 이는 또 과로와 피로로 이어지기도 한다.

　* 읽다 보니까 학교가 좋은가 학원이 좋은가? 여전히 나는 둘 다 필요할까? 하나만 고를까?

선생님~ 응? 아니 쌤 말고요. 선생님~ 아 선생님!!!

다음은 교사와 강사에 대하여 비교하도록 하겠다. 본인도 고교 시절부터 장래희망이 교사였고, 학생부 종합이 유행이던 시절 교육봉사 활동만 350시간 넘게 한 경력도 갖고 있을 만큼 가르치는 것을 좋아한다. 그럼에도 불구하고 나는 내 자신을 교사가 아닌 강사라고 지칭하는데, 교사가 되려는 사람은 강사처럼 행동해서는 안 되기 때문이다. 그런 의미에서 나는 효율성을 강조하므로 교사라기보다는 강사다. 지금부터는 교사와 강사의 차이점에 대하여 명확하게 구분하면서 왜 내가 학교를 학원보다 낫다고 평가하는지에 대하여 설명을 하고자 한다.

대학원 시절 교육학을 전공했던 사람으로서, 임용고시와 사립학교 교원이 되는 꿈을 꾸고 준비한 적이 있었다. 한때 연애를 했던 상대가 임용고시를 준비하는 임고생이었다(지금은 경기지역 중학교 교사로 임용되어 발령대기 중인 것으로 보인다). 시험 준비를 하는 전 여자친구의 모습을 보면서 임용고시를 준비하려고 했던 내 자신이 너무 바보 같고 하지 말아야겠다고 느꼈다. 나는 한때 임용고시를 우습게 생각한 때가 있었는데, 1차 필기시험까지만 보고 교육학 내용만 외우면 된다는 안일한 생각 때문이었다. 임용고시를 통과한 담임선생님은 학원쌤보다 분명 우수하다. 보통은 그렇다. 1차 필기시험을 마치고 2차 면접과 과목시험을 통과하고 난 뒤에야 비로소 선생님이 된다.

반면 학원 강사의 요건은 참으로 단순하다. **전문대 졸업 이상의 학력만 갖추면 전공이 어떻든 간에 어느 과목이든 가르칠 수는 있다.** 어기서 전문대 졸업 이상의 학력이라는 것은 대학교 3학년 이상의 대학생이면 누구나 학원강사가 될 자격이 주어진다는 것이다. 뉴스에서 간혹 담임선생님에게 갑질하여 교사가 우울증에 빠지거나 교직을 내려놓고 싶어 하는 내용을 접할 때면 가슴이 아프다. 그렇게 갑질하는 학부모도 잘 가르친다는 학원강사 앞에서는 선물공세를 할 수도 있다는 생각에 공교육이 무너진 것에 대한 안타까운 마음이 든다.

혹시 이번에 책을 읽으며 처음 알게 된 것인가? 대학교 3학년이면 학원강사가 될 수 있다는 사실을 처음 알게 된 것이라면 이걸 알게 된 이후 학원에 대한 심경의 변화가 있을까? 에이 그래도 설마 새파랗게 어린 학생을 선생님으로 쓸까?라고 의심한다면 당장 알바 관련 어플을 다운받아서 직종에 학원강사 교육직을 선택하여 구인 광고를 살펴보자. 분명하게 강사 관련 채용학력에 전문대졸업 이상이라고만 적혀 있고 성별은 여성 우대라고 적혀 있을 것이다. 학교와 학원 분명히 둘 다 장단점은 존재한다. 가장 중요한 것은 어느 것이건 간에 적절한 선택을 학생의 상황에 맞게 한다면 돈낭비 시간낭비는 막을 수 있을 것이다.

교사의 전문성과 학생과의 상호작용 역시 학습환경에서 매우 중요한 요소라고 생각한다. 나는 이걸 전적으로 느꼈고, 책의 초반에서 대학생 학원강사에게 배우는 것은 피하라고 이야기했던 것을 지금 풀어서 말해 보려고 한다. 대학교 3학년이면 누구나 강사가 될 수 있다는 것은 이제 우리 모두가 아는 사실이 되었다. 그렇다면 당신이 학원 원장이고 학생들을 가르칠 만한 선생님을 채용한다고 생각해 보자. 선택지는 많지 않다. 알바몬이나 알바천국에 구인광고를 올리면 대부분 연락 오는 사람들은 스물두 살~스물일곱 살 사이의 대학생 3학년 4학년 혹은 휴학생들이다. 이런 상황에서 당신은 나이가 어리다는 이유로 그 예비 선생님들에게 죄송하지만 당신은 학생을 가르칠 수 없다고 할 수 있겠는가?

안타깝게도 대부분의 학원 원장들은 이 "대학생 강사"들이 수능 성적표와 고교 성적표를 가져오지 않더라도 가르칠 만한 말재주가 조금만 있다고 판단이 들면 채용하는 경향이 컸다. 심지어 내가 이전에 강사 자리를 구할 때 어떤 학원 원장은 내게 아이들이 여자쌤을 좋아하긴 하는데 학원 선생님 지출이 너무 많이 나가니까 지욱쌤이 수습기간을 인정해 주시고 최저임금만 받고 6개월을 일하신다면 뽑아 드리고 싶다는 채용에 황당한 조건을 걸 정도였다.

악덕사장의 횡포.

막상 그 학원의 학원비는 학생이 일주일에 두 번, 하루에 2시간 수업을 하여, 월 25만 원의 금액을 내고 있었는데, 학원 선생님 한 명이 맡는 학생의 수는 적어도 10명 평균 잡아 15명이다, 그렇다면 단순 계산으로 생각해 봐도 학원 선생님이 학생을 가르치면서 학원에 기여하는 금액이 최소 250만 원인데, 실 근무시간이 월 36시간이므로 시급 12000원 기준으로 학원강사 알바 월급은 40만 원이 되지 않게 되는 것이었다. 그런데도 위의 학원의 원장은 당시 최저시급이 8000원대이므로 시간당 12000원을 주는 것이 아까워서 6개월간 시간당 8천 원을 주는 조건을 내걸었던 것이다. 당연히 그런 학원에서는 일을 하지 않았다.

돈을 적게 주고 많이 주고의 문제가 아니었다. 절대 자존심의 문제도 아니었고, 저런 학원에서 일을 하지 않기로 다짐한 이유는 딱 하나, 원장이 돈을 밝히는 사람이었기 때문이다. 원장의 성향에 따라서 학원은 강사채용을 달리한다. 개인적인 생각이지만 **돈을 밝히면 밝힐수록, 강사고용은 소모품처럼 금방 대체할 수 있는 대학생 강사를 뽑는 경향이 컸다.** 원장이 돈을 밝히면 그 밑에서 일하는 강사들을 어떨까? 과연 학생에 대하여 가르치는 과목에 대하여 책임감이라는 것이 생길까? 누군가 내게 학원을 추천해 달라고 할 때마다 대학생 강사를 기피하라고 이야기하는 이유다.

누구는 연애 못해서 말 안하는 줄 아나 보네.

솔직히 나도 대학생 강사이던 시절 그렇게 학생들에게 책임감 있는 자세로 가르치지는 않았다. 다만 옆방의 국어쌤이 자신의 대학생활과 연애 이야기로 한 시간의 수업 중 30분을 까먹을 동안 나는 학생들에게 한 문제라도 더 풀고 한 단어라도 더 외울 수 있도록 목이 말라 갈라져서 아플 정도로 설명했다. 원래부터 말하는 것을 좋아하던 내가 일을 마치고 집에만 오면 말수가 적어질 정도로 하루에 해야 할 대화의 한계가 있다면 수업에서 그 한계치까지 다 끌어다 쓰고 집에서 벙어리가 될 정도로 나는 열성을 다해 애들을 가르치려고 했다.

그렇기 때문에 나는 대학생 강사부터 시작하였지만 그때의 대학생 강사들 그리고 지금의 무책임한 강사활동을 이어 나가고 있는 대다수의 학원강사들을 비판할 자격이 있다고 생각한다. 대체 왜 수업을 하다가 휴대폰을 보고 애들 문제 풀 때에 유튜브를 보고 조금만 있다가 설명해 준다고 하고 대체 쉬는 시간에는 담배를 뻐끔뻐끔 피우면서 냄새 풍기고 들어와서 교탁에 서서 가르치는가? 과연 선생님 쌤이라는 단어가 아깝다.

솔직히 강사라는 호칭도 아까울 정도로 최악인 학원강사들이 많다. 하지만 여전히 학부모들은 관심이 없다. 잘 모른다. 관심이 없는 게 아니라 어떻게 생각해 보면 문제는 학생에게도 있다. 그냥 억지로 다니니까 돈 버리는 것에도 관심없고 부모님 잔소리 피하고 휴대폰 하려고 학원 왔다면 진짜 나중에 후회한다 학생들.

* 학생이라면 지금까지 나의 글을 읽으면서 많은 생각을 할 것이다. 우리 학원쌤은 어떤 장단점을 가지고 있는가? 그게 내 공부와 인생에 어떤 영향을 끼치는 거 같은지 생각해 보자.

사교육을 운영하는 사람으로서 더 이상 사교육을 까 내리는 글을 적고 싶지는 않아서 중략하여 이 정도만 적도록 하겠다. 다만 대한민국 사교육이 나아가야 할 길은 아직도 멀었다. 강사가 책임감을 갖고 학생들을 가르쳤으면 좋겠다. 학원 교육업으로 돈을 벌려고만 하는 원장들도 반성하고 욕심쟁이 같은 돈 밝히는 습성 좀 버리자!

학부모라면 전문적인 체계에서 가르치는 교사에 대한 존중을 해 주고 교권을 지켜 주지는 못할망정 갑질하지는 말자. 학생이라면 학원에 대하여 부모님과 서슴없이 대화하고 불필요하다고 생각하면 당장 끊고 스스로 자기주도학습 할 테니 용돈을 늘려 달라고 하거나 해외여행을 가자고 조르자. 그게 학생인 당신의 인생에 있어서 훨씬 유용하다.

강조한다! **남들이 하지 않는 것을 해야 남들과 다른 삶을 살고 남들보다 성공할 수 있다.** 남들이 다 학원을 다니고 있다면 그 학원 다닐 돈으로 다른 것들을 배워 보고 경험해 보자. 좁은 길로 나아가자. 남들이 가지 않는 좁은 길에는 결국 나만의 답이 있다.

학교에서 국영수사과
공부하는 간단 꿀팁.

"반복한 행위의 결과가 자기자신이다. 탁월함은 행위가 아닌 습관이어야 한다." - 아리스토텔레스(Aristoteles)

파쇄하거나 시골 땔감으로 쓰지 않았더라면
이만큼 두 번은 더 있었을 상장들이다.

나는 내가 생각해도 학창 시절 천재였다. 중2 때부터 고1 때까지 3개년 동안은 반 1등은 기본이요 항상 전교 10등 안에 드는 수재였다. 특별히 고등학교 시절 고1 때에 학생부 종합전형(구 입학사정관제)이 창설되었을 때, 도 단위의 생활기록부 포트폴리오 대회에서 1등을 한 전력도 있다. 집에 장관상을 비롯하여 상이 무진장 많아서 한때는 이 것들을 거실에 깔아 두고 사진을 찍기도 하고, 상장 종이를 보관할 곳이 부족해서 상을 받은 지 10년이 지나면 파쇄해 버리기도 했다. 그래 이게 나의 공부 FLEX다. 나에게 배우면 누구나 이렇게 될 수 있다 자신한다. 버리지 않았다면 장담컨데 이만큼이 장농 어딘가에 더 있었을 것이다.

그래서 지금까지도 나는 과외업을 할 때에, 중1부터 고등학교 1학년 학생까지만 가르친다. **내가 최고의 자리에 있었을 때의 공부법을 나만큼 잘 가르칠 사람은 없다 생각하기 때문에 그 기간에 있는 학생들만 가르치는 것이다.** 걱정해서 물어볼 수도 있는데 물론 고1이 지나면 돈 받고 가르치지 않는다. 그냥 카톡으로 모르는 것 물어보거나 일주일에 한 번 정도 카페에서 음료 사 주면서 요새 어떻게 지내는지 물어보다가 모르는 거 있으면 가르쳐 주곤 한다.

말 그대로 공짜라는 것이다. 돈에 연연하지 않는다. 집이 부자는 아니지만 부족함 없이 살았기 때문에 악착같이 돈을 벌어야 한다는 욕심 따위 없다. 그냥 나로 인하여 누군가가 도움을 받고 행복하다면 나도 기쁜 것이다.

　그런 내가 당신들에게 특별히 이것을 읽고 있는 중고등학생인 당신에게 국영수사과 과목을 공부하는 꿀팁을 전해 주려고 한다. 학교와 학원 그리고 대학 내용을 다루는 중편에 갑자기 이것을 추가하는 것에 고민을 많이 했지만, 이 공부법 그대로 해서 성공할 수밖에 없는데 이걸 이 비법을 얘기 안 해 주기가 입이 너무 간지럽고 손가락이 제멋대로 움직여서 주체할 수 없다. 국어부터 시작한다. 눈 크게 뜨고 잘 보길 바란다.

국어.

　국어과목은 크게 문학과 비문학으로 나뉜다. 문학은 시, 소설 등이고 비문학은 전문서적의 지문, 대화문 분석, 칼럼 에세이 그리고 내가 쓴 이 책과 같은 글이다. 문학작품을 공부할 때 나는 학교에서 작품을 분석할 때에, 그러니까 이 화자가 이야기하는 것이 어쩌고 여기서 이 구절이 의미하는 것은 시대적 배경으로 생각하였을 때에 무엇이다 같은 선생님의 설명에만 의존하지 않는다. 그럼 어떻게 공부하냐고? **아무것도 모르는 상태에서 읽어 보는 것이다.** 시 내용이 뭔 소린지 몰라도 그냥 읽어 보고 소설 내용이 기괴해도 읽어 보는 것이다.

예를 들어 '이상' 시인의 '거울'이라는 작품을 읽을 때에, 그냥 대충 읽고 바로 해석 보고 외우는 게 아니라 왜 이상이라는 이 시인이 거울 속의 자기 자신을 바라보다가 시를 쓰게 되었을까, 악수를 청하는데 받지 않는다는 것이 어떤 갈등을 의미하는가?에 대하여 생각해 보길 바란다.

물론 국어라는 과목 자체가, 주제를 이미 정해 놓고 보편적으로 사람들이 많이 선택하고 느끼는 것을 답으로 정해 놓은 사실상의 '암기 과목'이기 때문에 나처럼 이해하면서 분석할 바에 답지보고 외우는 게 낫지 않냐 생각할 수도 있다. 하지만 내가 이처럼 시를 읽으면서 혹은 문학작품을 감상하면서 시대적 배경이나 저자의 상황과 관련된 기본 지식 없이 한두 번 읽으며 스스로 생각해 보라는 것은 쉽게 말해서 나 자신을 국어과목에서 요구하는 스타일로 튜닝시키는 행동이다.

이해가 어려운가? 우리가 티브이를 볼 때에 채널을 돌린다. 7번을 틀어서 뉴스를 봐야 하는데 99번을 틀어 놓고 왜 뉴스가 안 나오지 왜 만화가 나오지 할 수 없는 노릇이다. 마찬가지로, 조금씩 조금씩 문학 작품에 내 자신을 맞춰 가는 생각의 틀을 키워 감으로써 국어 성적 향상에 도움을 받는 자신의 모습을 그려 나갈 수 있을 것이다. 나는 나 자신의 문학을 분석하는 태도를 국어선생님의 관점과 동일하게 튜닝해 나가면서 성적을 올렸다.

비문학 같은 경우는 공부방법이 더욱 쉬운데, 타임어택 기법을 쓰면 된다. **시간을 제한해 두고 긴장감이 있는 상태에서 글을 여러 번 읽고 중요한 문장을 표시하는 법**을 기르면서 제한된 시간 안에 많은 지문을 읽고 푸는 연습을 한다면, 논리구조를 파악하는 데 도움을 받을 수 있다. 주로 주제문장을 찾고 주제문장에 관한 근거를 두세 개만 찾는 연습만 해도 80프로 이상의 문제를 맞힐 수 있다.

영어.

막상 내가 영어를 가르치는 사람이면서도 영어과목의 공부법에 관하여서는 뻔한 소리만 하는 것 같다. 영어는 결국 단어다. 아무리 문장을 빠르게 읽고 문법의 구조를 파악해도 문장에서 모르는 단어가 두 개 이상 나타나 버리면 해석하기 어려워져 문제를 풀 힘이 빠져 버린다. 맥락을 파악하는 것이 중요한데 결국 그 **맥락이라는 것도 단어를 모르면 순간 문맹이 되어 버리니** 영단어 기초 3000개 영단어(초등 800개 중고등 2200개 교육부 지정) 정도는 암기하는 습관을 기른다면 뒤에서 내가 하는 공부비법을 활용할 수 있을 것이다.

영어 문장은 처음 문장과 맨 끝 문장을 먼저 읽는 습관을 기르자. 특히 수능 시험 학교시험 등의 시험 문제일 경우, 여유롭게 신문 읽듯 처음부터 읽는 습관을 기르면 속독을 하지 않는 이상 모든 문제를 제 시간에 풀 수 없다. 지금 이 페이지의 내용도 보면 첫 두 줄에 주제가 나와 있지 않은가? '영어는 결국 단어라고'… 문장의 첫 두 문장과 맨 마지막 문장 그리고 중간중간 특이하게 눈에 띄는 단어들을 정리하면 문제가 주제를 묻거나 요약을 하는 답을 구하거나 감정을 파악하는 등의 문제라면 100프로 남들보다 빠르게 맞힌다.

　문제는 학생들이 영어를 풀면서 어려워하는 문법과 순서배열 문제인데, 사실 순서배열 문제는 가령 A-B-C, A-C-B, B-C-A, B-A-C, C-A-B 5지 선다형의 문제가 있다면 읽는 지문의 순서는 무조건 C부터 읽어야 한다.

　그 이유는 생각보다 단순한데, 5지 선다형에서 혼자 답이 C로 시작하는 선택지를 답으로 떡하니 고르기 쉽게 내진 않기 때문이다(물론 가끔 함정이 있을 수도 있다). 따라서 C를 읽어 보고 이건 느낌상 끝에 마무리 멘트다 싶으면 정답은 4번 BAC가 되는 것이고 정답에 확신이 생기기 직전 순서대로 읽어 보고 느낌이 맞다 싶으면 정답을 맞히는 것이 순서배열 문제를 푸는 꿀팁이다.

　문법 같은 경우는 사실 나도 잘 모르겠다. 수학과 비슷해서 TO부정사에 대하여 기초를 배우면 마치 세상을 다 안 것처럼 이해가 되는데도 기본용법인 형용사적 용법보다 더 어려운 내용을 꼬아서 출제하면 변형 문제에 속수무책으로 당하는 학생이 많기 때문이다. 그럼에도 불구하고 영어 문법에 대하여 내가 할 수 있는 말은, 수능에서 문법으로 모든 문제를 틀리고 나머지를 다 맞으면 그래도 1등급은 나온다는 것이다. 절대평가가 시행된 것에 얼마나 감사한가! 심지어 외국인들도 한국인과 영어로는 말이 안 통하는데 그들이 자기들보다 영어 신문은 더 잘 읽는 거 같다고 하니 회화 꽝이고 문법 틀려도 독해력은 세계최강인 것이다.

문법이 정말로 싫다면, 최상위권 학교를 갈 예정이 아닌 이상 문법은 기초만 알고 풀 수 있는 것만 풀고 나머지는 3번으로 찍는다는 생각으로 편하게 공부하면 손쉽게 수능 영어 1등급을 얻을 수 있을 것이다. 나머지 독해 같은 경우 서술형, 비교형, 논리입증형 보통 이 세 가지로 구성되는데 글에서 자기 주장을 입증하려고 애를 쓴다면 그 애를 쓰는 근거를 표시해 두면 논증형 문제는 쉽게 풀리고, 비교형 문제들은 공통점과 차이점을 문제집에 요약하면서 풀면 쉽다.

뜬금없지만 공무원.

공무원 시험 국어과목, 영어과목과 수능의 국어과목, 영어과목의 차이점에 대해서도 이야기해 보려고 한다. 10년 전에 비해 지금은 대학진학대신 공무원 시험 준비를 하는 학생들이 줄어들고 있기는 하나, 여전히 대학이라는 조건보다 바로 취업전선에 뛰어드는 학생들이 존재한다. 자신의 공부성향을 살펴보고 본인의 공부방식과 문제풀이 방식이 수능보다 공무원 시험에 유리하다 판단되는 학생은 공무원 시험을 준비하는 것도 나쁘지 않다. 공무원의 경우 합격하고 나서 2년의 시간을 임용대기로 있으면서 전문대학교를 졸업하거나 대학생활을 2년 정도 해 볼 수 있기 때문에, 기존에 공부를 해 오던 학생에게는 대학교에 진학하여 시험풀이를 위한 머리가 나빠지기 전에 합격을 해놓는 것도 한 방법이 될 수 있겠다.

과목별 차이는 다음과 같다. 국어과목의 경우 공무원 시험 국어과목은 수능에 비해 문항은 적고(공무원 시험의 경우 4지선다형 문제, 문항수는 20개다), 지문이 길지 않다. 이는 긴 지문에 약한 학생들에게 유리하다. 다만 한자를 정확히 알기를 요하는 사자성어 문제와, 어법(높임말, 조사 어미 등의 쓰임파악)문제와 같은 킬러문항이 다수 존재한다.

영어과목의 경우 국어와 마찬가지로 문항이 적고 지문의 길이가 수능에 비해 비교적 짧다고 할 수 있다. 두개의 지문을 놓고 비교분석하는 문항은 없어서 수능처럼 시험지를 앞뒤로 왔다갔다 하면서 풀어야 하는 어려움은 없지만, 수능 킬러문항에서조차 보기 힘든 생소한 단어가 간혹 나오기도 한다. 이는 단순하게 모든 단어를 외운다고 해

결되는 것이 아니라 앞뒤 문맥을 파악해서 뜻을 대략적으로나마 유추할 수 있는 능력을 요하는 문제들이다.

어법의 경우 포괄적으로 "쓰임이 바르지 않은 것"을 찾으라는 문제가 대다수인데, 이는 애매하게 뜻만 잘 해석해서 번역상 어색한 것을 골라서 풀 수 있는 모의고사의 문제와는 다르다. 문맥만 파악하고 바로 답을 찾아버리는 '재차 확인하지 않는 풀이자'들에게는 취약이다. 한 때 공무원 열풍이 불던 시절 다수의 뜻을 따라서 공무원 국어 영어를 공부하던 내가 느꼈던 것들을 적어 봤다. 대학진학보다 공무원을 준비한다면 참고해야 한다.

수학.

수학의 경우 그 어느 과목보다 많은 문제풀이를 통해서 실력을 기르는 것밖에 없다고 말할 수 있다. 기본 교재만 주야장천 풀면 기본 문제는 공식 자체를 외워 버리기 때문에 기계처럼 머리가 아닌 손이 알아서 풀고 있을 수도 있다. 수학이야말로 공부하는 이유를 생각하지 말고 의식의 흐름대로 맡겨서 풀어야 한다고 생각하는데, 이는 내가 수포자여서 수학을 공부할 때에 아무 생각 없이 풀었기 때문인 것 같다.

수학을 잘하는 법은 수학을 안 풀어 본 지 십수 년이 지나서 알려주기 힘들지만, 수학을 좋아하게 되는 방법은 안다. 수학을 좋아하는 방법은 필기구를 좋아하고 종이에 무언가를 계산하고 적는 것을 좋아하는 습관을 기른다면, 수학은 자연스럽게 풀게 되어 있다. 다만 수학에 대한 애정은 어려운 문제를 만났을 때에 일순간에 무너질 수도 있다는 것을 명심하자.

국영수 말고 너희들.

사회와 과학은 국영수에 비해서 공부방법에 큰 무리가 없는 편이므로 간단하게 짚고 넘어가도록 하겠다. 사회는 크게 일반사회와 역사과목으로 나뉘는데, 일반사회과목은 현실 문제에 대한 관심을 가진다면 자연스럽게 배우고 싶은 열정이 생긴다. 평소에 아버지가 보시는 뉴스를 가끔 같이 보거나 유튜브에서 나오는 여러 사건 등에서 나오는 **사회적 이슈에 관심을 갖고 나중에 사회에 살아갈 때에 내가 사회과목을 공부해 놔야 나중에 도움이 되겠구나 깨닫는다면** 관심이 생기게 되어 있다.

역사 같은 경우, 스토리텔링만큼 기억하기 좋은 방법은 없다. 역사를 공부하는 가장 좋은 방법은 배운 내용을 시간대에 맞는 도표를 그리거나 지도를 직접 빈 종이에 그리면서 생각나는 대로 브레인스토밍(생각나는 대로 적는다)과 남에게 설명하면서 그리고 적는 스토리텔

링 기법을 활용하여 공부한다면 배운 내용이 오래 기억에 남을 것이다. 또한 역사적 사건들을 배울 때에 이것을 단순하게 암기하는 것이 아니라, 이 사람은 이 위인은 왜 이런 삶을 살았을까 스스로 평가해 본다면 머릿속에 각인이 더욱 잘될 것이다.

과학은 결국 실험이다. 솔직히 지구과학 같은 사회 느낌의 과학은 암기가 가능하지만, 분자구조를 외워야 하는 화학이나 법칙 등에 관하여 공식을 외워야 하는 물리학은 과학 중에서도 극악의 난이도를 자랑하는 과목들이다. 이런 과목들을 공부하기 위해서는 직접적으로 실험에 참여를 하거나, 실험하는 영상을 통하여 머릿속에 시각화 과정을 거쳐야만 한다. 다만, 과학실험이라고 핑계를 대면서 맨토스를 콜라 머금은 입에 넣고 숨을 참는 행동은 하지 말아야 한다. 굉장히 아프다.

적으면서도 한 번 더 느꼈지만, 공부는 정말 어렵다. **학습이라는 것 자체가 단순하게 정보를 축적하는 것이 아니라 공부하는 사람의 사고 능력과 생활습관 자체를 조율해야 하는 복잡한 과정이기 때문이다.** 그래도 지금까지 우리는 최소한 공부하는 이유를 찾았으니 이제 학습법을 나에게 맞게끔 조율하면서 전교 1등보다 똑똑한 사람이 되도록 계속 전진해 보자. 책을 이만큼 읽으면 벌써 사고능력과 생활습관의 조율이 시작된 것이다. 잘되어 가고 있다. 자신을 믿자. 할 수 있다...!

대학 입학,
환상과 현실에 대하여.

"자유에는 대가가 있으니 달콤함에 속지 말아야하죠."

학생이라면 대학교에 대하여 어떤 생각을 갖고 있는가? 질문을 조금 바꿔 볼까, 그래 대학교에 가면 무엇을 하고 싶은가? 학부모라면 나는 대학교 때 어땠는가? 대학교를 가지 않은 학부모라면 지금이라도 무료로 대학을 갈 수만 있다면 당신은 가고 싶은가? 한번 생각해 보자 왜냐면 이번 챕터에서 이것에 대한 모든 답변을 할 내용이 들어갈 것이기 때문이다.

그만큼 이번 챕터는 중편 중에서도 유독 긴 페이지 수를 차지하게 될 것이다. 이 챕터의 구성은 일단 내 학생활에 대하여 많은 학생들이 대학입학 이전에 가지고 있는 수많은 환상 중에서 대표적인 것 다섯 개를 추려서 다섯 가지의 환상을 정리하고 그 환상을 깨 버릴 다섯 가지의 현실을 적으며 시작할 것이다.

　다섯 가지의 환상이 깨지게 되는 주요 원인이 무엇인지 파악할 것이고, 이후 지방대의 특징에 관련하여 소위 사람들이 '지잡대'라고 비하하는 원인에 대하여 살펴보고 과연 지방대가 무시당할 만한 지잡대일까 고민하는 시간을 가질 것이다. 물론 지방대에 대해서도 거침없이 깔 건 까고 칭찬할 것은 칭찬하면서 향후 인서울 대학이 아닌 지방대를 진학하게 될 학생들을 위해서도 가이드라인을 제시해 줄 것이기에 이 책에서 예비 대학생들에게는 가장 중요한 챕터가 되겠다.

　* 지방대를 지잡대라고 놀리거나 욕한 적이 있는가? 당신이 지방대에 가지 않을 거라는 확신은 어디에서 비롯되는가? 근거 있는 자신감인가?

착각은 자유다.

　고등학교를 졸업한 학생들은 보통 대학교에 진학하게 되면 내 세상이 펼쳐지는, 그러니까 완전히 자유롭고 성인으로서 나의 삶을 책임지며 공부할 수 있는 생활을 할 수 있을 것이라고 기대한다. 빠르다면 고등학교 때부터 대학교에서는 이런 생활을 하겠지 환상을 품고 열심히 공부하는 학생도 있을 것이라 생각한다. 고등학교 때처럼 월화수목금 시간표가 정해진 것이 아니라, 시간표를 내 마음대로 나의 선택에 의

해서 짜고, 하고 싶은 동아리나 소모임 등의 활동을 활발히 하면서 대학생활을 즐기고, 또 우연하게 사랑하는 사람을 만나 꿈같은 연애를 하는 것에 대하여 큰 환상을 갖고 대학에 입학하고 기왕이면 좋은 곳에 들어가기 위하여 열심히 공부한다. 분명 대학 입학이라는 꿈은 공부하는 데에 있어서 추진력을 키워 주는 가장 훌륭한 연료다.

그러나 안타까운 마음이지만 나는 학생들에게 현실을 전하고자 한다. 대학에 입학하게 되면 입학하는 그 순간부터 각종 수업의 조모임과 발표 준비와 과제 폭탄을 안게 될 것이고, 시험기간에는 실력이 비슷한 아이들끼리 모였기 때문에 조금의 노력이 부족해도 성적은 뚝뚝 떨어지게 되어 고등학교 때보다 오히려 부담감은 증가하게 된다. 내가 선택한 과목으로 시간표를 내 마음대로 짰지만, 선배에게 이야기를 들어 보니 필수과목을 누락하게 되어 비싼 등록금을 추가로 내서 졸업요건을 맞추기 위해서 거금을 들여 돈과 시간을 추가로 써야 하는 경우도 생긴다.

이처럼 첫 번째로 학생들이 가장 기대하는 것은 아무래도 '자유'다. 고등학교 때까지 엄마 아빠의 간섭과 선생님의 잔소리, 교복을 입고 다녀야 한다는 것 등으로 통제를 받던 내가, 드디어 대학생이 되어 성인이 되어 엄마 아빠가 영향을 끼치지 못하는 타 지역에서 공부하게 되고, 스스로 기숙사에서 생활하거나 자취를 하면서 자기관리를 하게 되면서 자유로움에 온몸의 전율이 느낄 정도로 기대가 된다는 학생이 많다.

하지만 위에서 적은 대로 현실은 벚꽃이 필 즈음에 대학생은 시험 준비를 시작하고 시험이 끝나면 벚꽃이 늦봄 비에 모두 떨어져 축축한 발걸음으로 또 수업을 들으러 간다. 자유로운 생활이라는 것은 환상에 가깝다. 심지어 어떤 대학교는 1학년 수업은 시간표를 정해 주는 학교도 있다는 것을 참고하자.

자유로울 것을 기대하기 때문에 또한 고등학교 때 학원 다니던 것보다 여유롭겠지? 기대하게 된다. 수업이 끝나고 남은 시간 동안 각종 알바를 할 것을 계획하고 자기계발을 할 시간이 충분하다는 환상의 착각에 빠지게 되어 자기계발을 마치고 나면 또 남는 여유시간에 좋아하는 사람을 만나서 성인 이후의 제대로 된 연애를 하는 것을 꿈꾼다.

사실 대학캠퍼스에서의 로망과 연애 스토리는 말 그대로 K드라마의 영향이 크다. '안 생겨요' 밈을 알고 있는가? **아무리 연애의 기회가 많아도 안 생기는 사람은 안 생긴다.** 환상을 깨라.

도서관에서 책을 읽다가 어떤 잘생긴 선배가 함께 토익을 공부하자고 번호를 물어본다? 물론 그럴 수 있다. 잘생겼다는 특징이 빠질 수도 있고, 잘생겼는데 사이비 종교일 수도 있다. 그만큼 경우의 수가 많으므로 대학에서 다가오는 모든 인원을 다 긍정적으로 바라볼 수는 없다. 굳이 정말 내가 연애를 해야만 하는 사람이라면, 연애에 미친 사람이라면 동아리 내에서, 소모임 내에서 말고 일반적으로 대학교 캠퍼스 내에서 산책하는 이성과 연애하길 바란다.

씨씨-CC(캠퍼스 커플)도 별로지만, 같은 학과에서의 커플이나 동아리 소모임에서 만나는 것은 정말로 추천하지 않는다.

현실은, 대학교 캠퍼스에서 어떤 운명 같은 우연이 발생하는 경우는 적다. 희박하다. 새로운 환경에 적응하고 공부하랴 사람들 만나서 이것저것 참여하랴 졸업요건 확인하랴 과제하랴 바쁘다 보면 **연애는 커녕 자기계발을 위한 것들도 학기 중에는 거들떠보지도 못하고 방학으로 미루게 되는 것이 대학생의 현실이다.** 그러니 대학 때 연애를 하는 사람들은 보통 고등학교 때도 공부하면서 연애 잘만 했던 사람들이라는 것을 알 수 있다.

시간을 정말로 여유롭게 챙기고 자유로움을 느끼고 싶다면 대학에 들어가기 전부터, 그러니까 중학생이거나 고등학생인 지금부터 **시간 관리를 하고 '우선순위'를 징해서 처리하는 습관을 길러야 한다.** 지금부터 게임하느라고 미루고 학원 숙제도 미루고 답지 보고 베낀다면 대학 가서도 크게 달라질 것이 없다는 걸 알아야 한다. 내가 그토록 자기주도학습을 강조한 이유가 바로 대학교 가서도 이게 필요하기 때문이다. 이 습관이라는 것은 공부에 있어서뿐만 아니라 대학생활에 있어서도 아주 많이 중요하다.

엄마엄마! 나 혼자 샤워도 한다? 나 혼자 책가방도 쌌어!

시간표를 내 마음대로 짤 수 있다는 점에서 많은 학생들이 이게 바로 내가 원하던 자기주도형 대학생활인가?라는 생각을 한다는 것을 잘 알고 있다. 책을 제대로 읽은 학생이라면 자기주도학습은 혼자 공부한다고 해서 성립되는 것이 아님을 잘 알고 있을 것이다. 대학교 강의를 주도적으로 교수님과 쉬는 시간에 대화하고 수업내용에 관하여 연구결과를 공유해서 보자고 할 자신 있는가? 전액 장학생이던 나도 그 정도 생활은 하지 않았다... 자기주도학습은 그나마 중고등학교 때에 하기 쉬웠다. 대학에서의 자기주도학습을 경험하고 싶다면 대학원에 진학하라! 하지만 명심하자 대학원은 대학생들이 잘못을 많이 해서 가게 되는 감옥과 같은 곳이라는 별명을 갖고 있다(그만큼 빡세고 힘들다는 것이다).

두 번째로 학생들이 많이 갖고 있는 환상은 **다양한 동아리 활동을 하고, 활동들을 통해서 학교 사람들뿐만 아니라 여러 사람들과의 교**

류로 새로운 인맥을 형성하여 소위 인싸가 될 수 있지 않을까 하는 환상이다. 실제로 그래서 내가 가르치던 학생들도 대학에 진학하여 세 개 이상의 복수 동아리 등록을 해서 월 회비 15만 원씩을 지불하며 사진 동아리, 배드민턴 동아리, 해외여행 동아리, 밴드부 등의 활동을 병행하면서 사는 경우도 많다. 동아리 가입비와 월 회비가 만만치 않을 텐데 이걸 감당하면서 모든 활동을 이어 나가는 그들에게 힘들지 않냐고 물어본 적이 있는데 대답은 똑같다. "힘들어요 ㅠㅠ"

그런데도 계속하는 이유를 물어보니 아무 생각 없이 인맥을 늘리고 활발한 대학생활을 하고 싶어서 신청했는데 돈은 돈대로 나가고 자기의 시간은 없고 심지어 동아리나 소모임의 임원이 되는 날에는 책임져야 할 것들까지 쌓여서 자신이 대학생활을 하는 것인지 회사생활을 하는 것인지 구별이 안 된다는 학생들이 있을 정도다.

동아리는 정말이지 내 수준에 맞게끔 해야 한다. 나의 관심사에 정말 부합하는지 여러 번 생각하고 결정해서 지원하고, 단지 내가 친해지고 싶은 학우가 신청하니까 따라 하면 백 프로 후회하게 되어 있다. 앞서 인맥을 늘리고 싶어서 동아리를 신청했는데 대학생활이라는 게 중재해 주는 담임선생님 같은 존재가 대학교에는 없다는 것을 생각한다면, 동아리 내에서 사람 간의 갈등이 발생했을 때에, 동아리에 가입하지 않았더라면 학교에서 만들지도 않았을 내 안티와 적이 생기는 것과 다름이 없다는 것을 명심하자.

사람에 대한 믿음이 점점 사라지는 것 같을 때.

고등학교에서 대학교를 올라가는 아이들은 친구에 대한 이야기를 할 때에 보통 두 부류로 나뉜다. 에이 쌤 그대로 고등학교 때 친구들이 찐 친구죠~ 얘네가 평생 가는 거죠.라고 이야기하는 부류와, 대학교에서 만난 사람들이 오히려 평생 인연으로 남을 수 있지 않냐고 묻는 부류다.

결론부터 말하자면 앞의 말이 맞을 수도, 뒤의 말이 맞을 수도 있다. 정답은 나도 모른다. 왜냐면 사바사 케바케니까(사람마다 다르고 상황마다 다르다). 그러나 알아야 할 것은, 인맥이라는 것은 내가 인맥을 관리할 만한 인물이 되어야 생긴다는 것이다. 내가 이기적이고 남에 대하여 생각을 전혀 안 하는 사람인데 어느 날 친구를 사귀고 싶다고 해서 말을 걸어 모든 이들이 나에게 친절하게 대하는 마법 같은 일은 절대 일어나지 않는다.

대학교에서 인맥을 잘 형성하려면 적극적으로 다가가되, 눈치껏 나를 싫어하는 부류의 사람들에게 불필요한 감정노동을 하지 말고 관계를 모든 사람과 적당히 유지하는 노력이 필요하다. 동아리 활동과 스터디 그룹, 대학 개강총회 및 축제 등의 행사 등을 적절히 참여하면서 구성원들과 교류할 기회를 만들고, 많은 사람들 그러니까 단지 넓은 인맥을 보유하는 것보다는, 질 좋은 소수와 깊은 관계를 쌓는 것에 초점을 둬서 인맥을 늘리다 보면 원하지 않아도 인싸가 될 것이다.

　세 번째로 학생들이 많이 하는 생각은 대학교에 입학해서 공부하면 내 전공에 관하여 전문가가 되고 전공에 대한 깊은 이해를 바탕으로 교수님처럼 수준이 높아지지 않을까 하는 것이다. 그래서 결국 그 분야의 전문가가 될 것이라는 생각에 빠지게 되어 자연스럽게 강의실에서 교수님께 더 잘 보이려고 힘쓰고 교수님이 롤모델이라는 이야기를 하는 학생도 생긴다.

　하지만 여기서 그들이 간과한 것이 두 가지가 있는데, 첫째로 교수님처럼 되려면 일단 최소 다니고 있는 그 대학의 학부과정이 아닌 한 단계 상위권 학교의 학부과정을 거쳐야 하고, 석사와 박사과정을 거쳐야 하는데 그마저도 교수님은 미국의 미네소타나 인디애나 대학교 뉴욕 주립대학교 등을 나왔을 인재이기 때문에 사실상 그들이 **교수님과 동급으로 될 생각은 스무 살에 하는 것이 바르지는 않다고 보인다.** 물론 생각은 자유이므로 꿈은 꿀 수 있지만 꿈보다는 현실을 알려 주는 것이 이 챕터의 목적임을 이해해 주길 바란다.

박살이 나버린 박사들.

현재 21세기 2020년대에는 대한민국에서만 하더라도 박사학위 소지자가 굉장히 많은데, 글을 적는 오늘 자 '이데일리' 기사를 살펴보니 한국이 세계에서 국회의원 중에서 박사학위 소지자가 가장 많다는 기사였다. 박사가 많아서인지는 몰라도 요즘 사회 분위기가 박살이 났다. 국회의원 3명 중 1명이 박사학위라고 하니 참으로 박사들이 넘쳐나는 세상이다. 이런 세상에서 과연 환상을 갖는 그들이 박사학위까지 땄으니 나도 교수 할 수 있겠지? 생각하는 것은 착각일 수밖에 없다.

그들이 간과한 것은 또 있는데, 대학 수업은 특히 전공과목이라 하더라도 1학년이 배우는 전공필수 과목은 생각보다 더욱 기초적이고 일반적인 상식 수준의 내용에서부터 시작된다는 것이다. 입학 후 첫 학기와 두 번째 학기까지는(편의상 1학년까지라고 하자) 기초 과목과 필수교양 위주의 수업을 들으며 매우 매우 쉬운 수준의 상식을 배우는 시간이다.

심화된 과목의 학문은 전공에 대한 이해가 생겼을 때 배울 수 있는 내용들이므로 3학년이 되어서야 가르쳐 주고, 따라서 3학년부터 내용 수준이 조금 달라지므로 여기서 어려움을 느끼고 대학은 자신과 맞지 않다고 자퇴하거나, 상위 학교의 인문계열 학과로 편입하는 학생들이 생기기도 한다. 전공이 자신과 맞지 않다고 판단하는 것을 3학년이 되어서야 한다는 것은 어떻게 생각하면 돈과 시간 낭비의 끝판왕이라고 할 수 있는데, 전공이 자신과 맞거나 공부하는 방향, 취업하기 위한 방향과 전공이 일치하는지 여부를 스스로 판단하기 어려울 때에는 교수님과의 상담을 통해서 방향을 결정하는 지혜가 필요한 것이다.

보통의 대학생은 1~2학년 때에 전공기초과목과 교양과목이 쉬우니까 별생각 없이 3학년 때도 쉽겠지 착각하다가 진로에 진지하게 고민하는 경우도 많기 때문이다. 입학하자마자 미리미리 전공이 내게 맞는지, 내가 과연 이 분야의 전문가가 될 수 있을지 고민하고 생각해 봐야 한다. 물론 유튜브만 검색해도 쉽게 찾아볼 수 있는 "대졸자 취업자 전공 살려 취업비중이 50%" 관련영상만 봐도 전공 살려서 대한민국에서 취업하기 어렵다는 것은 명제가 되어 버렸지만 말이다.

네 번째로 학생들이 대학 가기 전에 많이 갖는 환상으로 취업에 대한 보장이 이루어졌다는 착각이 있다. 이는 전공에 대하여 전문가가 될 수 있겠지라고 착각하는 것과 비슷한 환상이라고 할 수 있겠다.

공부좀 해, 열심히 해라, 안 해! 알겠어. 좋아하는 거 해.

고교 시절, 빠른 학생들은 중학교 때부터 "좋은 대학에 가야 좋은 직장을 얻고 돈을 많이 벌어 고생 안 한다"라는 말을 귀가 닳도록 들으면서 자란다. 보통 부모님께서는 최상위 대학이 아니더라도 중상위권 대학만 진학하면 남들보다, 평균보다 우위니까 괜찮다. 1등 하라는 게 아니다 그냥 최선을 다해서 중상위권 대학에만 진학하자고 자녀들에게 강요한다. 카페에 앉아 있을 때면 이런 얘기로 부모님과 학생 간의 갈등이 일어나 엄마는 날 이해 못한다며 눈물을 흘리는 학생들을 지켜보곤 한다.

이처럼, 부모님과 선생님이 강조하는 이 대학교라는 목적의 문구는 많은 청소년들에게 대학진학의 동기가 된다. **명문대에 진학하기만 하면 무사히 졸업한다면 대기업 취업이 보장되고, 전공을 살려서 평생을 먹고살 수 있는 만큼의 돈을 번다는 속설은 이미 IMF 이전 세대에서 끝났음에도 불구하고 현실을 자각하지 못하고 대한민국 학생과 학부모 그리고 교사들은 여전히 대학진학을 찬양하고 있다.**
그러나 막상 대학에 진학하고 나면 이런 환상들은 현실의 벽에 부딪힌다. 현실과 괴리감을 느끼면 느낄수록 아 졸업장이 전부가 아니구나, 취업이 단순하게 좋은 대학에 좋은 학과를 다녔다고 되는 것이 아니구나 느끼며 부정적인 생각에 빠지는 학생들은 태어날 때의 자산

수준에 따라 미래가 결정된다는 '수저론'에 빠지게 되고, 간혹 이는 자기 부모님과의 더 큰 갈등을 낳기도 한다.

* 당신은 금수저인가? 당신이 금수저가 아니어서 불행한지 생각해 보자. 금수저를 이길 방법은 무엇일까?

실제로 취업에서 중요한 것은 학벌이 아니라 실질적인 역량, 그리고 업무를 완벽히 처리할 수 있는 잠재력을 중시한다. 한 예를 들어 보겠다. 나는, 그러니까 저자인 나 최지욱은 자동차를 미친 듯이 좋아한다. 전국에서 레이싱 경기가 열리면 아반떼 같은 1600CC 경기가 있는 경기부터 아이들 오토바이 경기, 카트 경기, F1그랑프리가 열린다면 해외에 가서도 볼 의향이 있을 정도로 자동차에 관심이 많다. 너무 좋아하는 나머지 자동차 판매점에 이야기해서 시승을 이것저것 해 봤는데 문득 마세라티 판매왕 '유O현 팀장'과의 이야기 일화가 생각나서 기술해 본다.

마세라티가 처음 이 대한민국에 들어온 순간부터 지금까지 마세라티라는 브랜드와 함께하면서 판매를 이어 온 유부장은 내게 자동차에 이렇게 관심이 많으면 마세라티에서 일해 보는 것은 어떠냐고 이야기하는 것이었다. 그도 그럴 것이 나는 대화하는 것을 좋아하고 자동차 자체도 좋아하므로 판매왕이 봤을 때에도 내가 영업을 한다면 잘할 것이라는 생각을 한 모양이다.

대구 황금동 수성구에서 포르쉐 차량을 시승할 때에도 함께한 메케닉은 내게 포르쉐에서 일할 생각이 없느냐고 물었는데, 포르쉐 대구 지점의 책임역할을 맡는 직원분들조차 내가 차를 살 생각도 없고 그저 경험하러 왔음에도 불구하고 대학교 어디 출신인지 묻지도 않고 그저 대화를 자연스럽게 이어 나가고 편안한 분위기에서 고가의 차량을 사고 없이 운행하는 모습 하나만을 보고 함께 일하지 않겠냐고 물어본 것이다.

나는 내가 연세대학교를 전액장학금을 받고 다닌 것을 경력을 내세우지 않아도, 시승을 32개 브랜드에서 248종의 차량을 운전해 본 경험만으로도(시승할 때에 동의서와 인증기록은 3년에서 5년이 보관되므로 조회하면 내가 탄 기록들을 찾을 수 있다) 전국 모든 자동차 업계에서 스카우트해 갈 만한 인재임을 스스로 잘 알고 있다. 가족들 중 일부는 위험하게 왜 이런 행동을 하냐고 하거나 차를 사지도 않을 놈이 허풍 떨지 말라고 무시했지만, 나는 애초에 남의 말에 휘둘리거나 흔들리는 사람이 아니다. 지금 나는 대학 졸업장 따위보다 더 중요한 내 인생의 주인공으로 사는 법을 알려 준 것이다. 절대 남의 말에 휘둘리지 마라. 그리하면 결국 자신의 길을 찾아서 어떤 방법으로든 성공하게 될 테니까.

자신을 증명할 줄 아는 사람이 되어야 한다. 그저 남들 하는 대로 따라 하면 현실의 벽에 부딪혀서 어릴 적 꿈꿨던 것들은 모두 사치가 되고 부러움의 대상이 하는 허풍으로만 들리게 된다. 어른들은 이것을 사회화 과정이라고 포장하지만 자기 자신을 잃는 것이다.

대학생활의 내용으로 다시 돌아가자. 대학생활을 성공적으로 활용하여 취업에 다다르는 방법을 깨닫기 위해서는 취업 시장의 규칙이라는 것을 이해해야 한다. 그 취업의 새로운 규칙은 다음과 같다고 생각한다. "학업 성적만큼이나 실질적인 경험도 중요해졌다." 학교 내에서뿐만 아니라 학교 외부에서도 내가 이 전공을 살리기 위하여 어떤 활동들을 했는가? 남들과는 조금 다른 방법을 찾아서 해 보거나 아니면 아예 나처럼 좋아하는 것을 이것저것 파다 보면 나만의 고유한 특징이 되어 버린다. 나만의 특징이 생기면 이는 다른 사람과 나의 구별되는 나의 또 다른 일하는 인격이 된다고 표현하고 싶다. 이 인격이 지원하고자 하는 회사에서 요구하는 능력을 나만의 방식으로 증명해 낼 것이다.

대학 졸업장은 취업 시장에서 분명히 유리한 출발점이 될 수는 있지만, 모든 이가 명문대 졸업장이 있는 현시점에서는 그것만으로는 부족하다. **졸업장을 넘어선 자신만의 역량과 가치를 증명해 낼 수 있는 다양한 경험들을 살려야 한다.** 대학생활 동안 남들이 하는 것을 그저 따라 하는 것이 아닌, 나만이 이 일을 위해서 할 수 있는 특별한 무기, 그 무기를 얻기 위해서 내가 쌓은 경험과 인맥 네트워크, 스펙이 어우러진 대학생활이라는 스토리가 당신의 취업 성공의 열쇠가 될 것이다.

졸업장이라는 빛나는 것 위에 많은 경험과 이야기를 덧붙여서 자신을 진정 빛나게 할 줄 아는 위대한 졸업생이야말로 이 시대가 찾는 인재임을 기억하자. 빛나는 사람이 될 당신을 응원한다.

마지막으로 예비 대학생들이 많이 하는 착각 다섯 번째는, 대학교에 가면 해외 교환학생 기회가 많아지고 다양한 문화활동을 즐길 수 있을 것이라는 환상에 빠진다는 것이다. 해외 교환학생 과정을 통해서 외국에서 공부하며 어학실력을 높이는 꿈을 꾸곤 하지만 이를 위해서는 높은 어학점수가 필요하다. 보통 '지잡대'라고 비하하는 지방대에서조차도, 어학연수를 가기 위해서 필요한 어학점수는 토익 750점 이상이어야 하는데, 인터넷상에서 토익 800점도 못 받으면 바보라고 서로 욕하지만 통계를 보면 토익 700점 이상의 인구가 전체의 절반밖에 되지 않는다는 것을 네이버를 통해서 검색하면 쉽게 찾을 수 있다.

지금까지 대학생이 되기 전 대학교에 입학을 하면 이럴 거 같다고 주로 생각하는 환상에 대하여 알아봤다. 환상의 원인 중 대다수가 시간이나 돈의 부족이라는 것을 깨달은 독자가 있을 것이다. 그렇다면 이제 돈이 없어도 대학생활을 즐길 수 있는 방법에 대하여 간단히 알려 주도록 하겠다.

적은 돈으로도 충분히 의미 있고 즐거운 대학생활을 누릴 수 있다. 대학생활을 불필요한 소비의 시간으로 생각하는 사람들에게 묻고 싶다. 오히려 이상하리만큼 대학교 내의 음식, 커피 심지어 도서까지 시중가의 90프로 이하로 판매하는 것을 볼 때, 대학생활은 돈을 아끼기 위한 생활임을 알 수 있지 않은가? 최대한 현실적인 방법 내에서 한 가지를 적어 봤으니 공감이 된다면 향후 대학교에 진학하여 써먹기를 바란다.

캠퍼스 자원을 200프로 활용해라. 대학교는 다양한 무료 혹은 저렴한 물품과 서비스를 제공한다. 이를 최대한 활용하자. 방법으로는 조모임을 할 때에도 사실 카페 스터디룸보다 넓고 쾌적한 도서관을 선점하여 예약하는 습관을 기르고 학생회관과 여학우의 경우 여학우 복지시설이 따로 있는 학교도 많은 만큼 이런 복지시설을 활용하자. 학교에서 주최하는 각종 강의와 무료 특강들을 신청하여 듣는 것도 무료로 지식을 얻는 것뿐만 아니라 인적 네트워크도 강화할 수 있는 좋은 기회다. 사회에 나와서 전문가와 인적 네트워크를 형성하거나 배우려면 큰돈이 든다는 것을 알기 바란다.

연애도 꼭 돈이 있어야만 할 수 있는 것은 아니다. 너랑 만나면 쪼 잔해서 싫어라고 이야기하는 사람이 있다면 돈이 많아도 당신을 피곤 하게 할 상대이므로 걸러졌다고 생각하고 돈 없는 상태의 당신을 좋 아해 줄 수 있는 사람을 찾는 좋은 기회라고 여기자. 공짜로 혹은 돈 이 적게 들면서도 다양한 경험들을 쌓을 수 있는 공모전 참여와 동아 리 참여, 봉사활동이나 글쓰기 수업 듣기 등등 대학교 내에서 찾아보 려고 시야를 미세하게 구석구석 살펴보면 분명히 돈을 쓰면서 대학생 활을 하는 것이 이해가 되지 않을 정도로 대학교는 학생들을 위한 무 료 편의시설과 서비스가 넘쳐 난다는 것을 깨닫게 될 것이다.

대학생활에서 쌓인 소소하지만 확실한 절약법들은 향후 당신이 돈 을 벌 때에도 도움을 줄 만한 경제적 여유를 이루는 데에 큰 도움을 줄 것이다. 대학생활에서 진정으로 중요한 것은 경험과 관계 그리고 배 움이라고 생각한다. 돈이 부족하다는 이유로 스스로를 제한하는 등의 자괴감에 빠지지 말고, 현재의 상황에서 최대한의 즐길 방법을 찾자. 그리고 대학교 시절의 모든 선택과 행동은 미래를 위한 투자임을 인 식하고 장기적인 목표를 생각하면서 단기적으로 가장 최선의 행복을 찾는다면 당신의 대학생활은 매일매일 나아지는 삶을 이어 나갈 수 있게 될 것이다.

돈이 아닌 자신을 어떻게 활용하느냐에 따라 나의 대학생활은 풍

요로워질 수도, 무한히 불행해질 수도 있다. 스스로를 성장시키는 데 집중하자.

지잡대, 지방대.
장점과 단점 그리고...

"나쁜 일이 생길 것이라고 계속 이야기해라, 결국 나쁜 일이 생긴다. 좋은 일이 생길 거라고 계속 얘기하면?"

지잡대라고 흔히 일컫는 **지방의 하위권 대학들은 폐교를 면하기 위하여 대학 구조조정 과정을 거치며 지역 특성화 대학으로 변신하거나 취업중심의 취업사관학교 마크를 내걸면서 끊임없이 성장하고 있는 지방지역의 고등교육기관이다.** 지잡대라는 단어가 거슬린다면 지금부터는 지방대로 공통적으로 이야기하겠지만, 지방 거점 국립대학인 지거국에 다니는 학생들 중 일부가 지방의 하위권 대학과 구분 짓기를 바라는 경우도 많기에 사실 글을 쓰면서도 지방대라는 표현을 쓰는 것이 비하의 의도가 아닌데 오해의 소지가 있음을 느껴 미리 알리고 시작한다.

사실 나도 소위 말하는 지잡대를 다니고 있다. 아니 적어도 내 입장에서는 지방의 지원이 빵빵한 대학을 다니고 있다고 말하고 싶다. 이게 뭔 소리냐고 연세대학교 졸업했다고 하지 않았나 묻는다면 나는 방금 지잡대를 졸업했다고 쓴 게 아님을 기억하자.

OF SCHOLARSHIP	SEMESTER	AMOUNT (₩)
SCHOLARSHIP	SPRING, 2015	4,522,000
SCHOLARSHIP	FALL, 2015	3,537,000
SCHOLARSHIP	SPRING, 2016	3,537,000
SCHOLARSHIP	FALL, 2016	3,537,000
SCHOLARSHIP	SPRING, 2017	3,537,000
SCHOLARSHIP	FALL, 2017	3,537,000
	FALL, 2017	100,000
SCHOLARSHIP	SPRING, 2018	3,537,000
SCHOLARSHIP	FALL, 2018	3,537,000

-NAMED PERSON IS/WAS A STUDENT IN THE INDICATED DEPARTMENT OF
RSITY SEOUL, KOREA AND WAS A RECIPIENT OF THE INDICATED
FOR THE PERIOD DESCRIBED.

Γ THE STATEMENTS GIVEN ON THIS FORM ARE ACCURATE.

VICE PRESIDENT FOR ACADEMIC AFFAIRS

NOT OFFICIAL UNLESS THEY CARRY THE SIGNATURE OF THE VICE PRESIDENT FOR ACADEMIC AFFAIRS.
VERSITY 50 Yonsei-ro, Seodaemun-gu, Seoul 03722, Korea Tel(02)2123-2114 https://www.yonsei.ac.kr

an be verified with the Docu. Verification No. at the top right hand corner in the document via website (http://portal.yonsei.ac.kr/main/inde:
Online Transcripts & Certificates) for confirmation

자랑스러운 천재 대학생의 4년 전액장학금 내역서

Y대학교를 전액장학생으로 졸업하고 우수한 성적을 바탕으로 공무원시험이나 대기업 합격 등의 열린 기회를 마다하고, 대신 나의 사업을 시작하고 또 책을 쓰면서 지금은 지방대학교의 신입생으로 전액장학금을 받으면서 배우고 싶은 과목들을 무료로 배우며 삶을 즐기고

있다. 이제 지방대를 다니는 사람의 입장에서 지방대의 긍정적인 특징 다섯 가지와, 그 개수만큼 해당되는 단점들을 솔직하게 이야기해 주려고 한다.

여유로운 학습 환경.

지방대는 도심에서 벗어난 한적한 외곽지역이나 자연의 한가운데에 있는 경우가 많다. 이는 학생들에게 외부의 유혹이 될 만한 환경과 멀어지게 하여 조용하고 차분한 분위기 속에서 본인이 하고자 하는 학업에 몰입할 수 있는 환경을 제공한다. 수도권 대학에서 치열한 경쟁과 여러 혼잡한 생활(문란한 문화와 학업에 방해되는 여러 요소들을 생각해 보자) 속에서 스트레스를 받기 쉬운 반면에, 지방대학은 자연을 품은 캠퍼스와 높지 않은 인구밀도 덕분에 그리고 상황에 따라 매우 크고 쾌적한 캠퍼스 덕분에 여유로운 학습 환경을 제공하는 장점이 있다.

도서관 좌석, 강의실 사용에 있어서 인원이 적어서 굳이 예약을 하고 가지 않아도 쉽게 이용할 수 있는 장점이 있으며, 교수님과의 멘토링 역시 손쉬운 소통의 기회가 열려 있다. 이러한 특성으로 많은 지방대가 취업에 유리한 학과를 취업사관학교 형식으로 운영하고 있다.

생활비 부담 감소

대도시에 비해서 상대적으로 물가가 싼 지방도시는, 학생들에게 숙박비와 식비 면에서 비용 절감이라는 이점을 준다. 지방도시에서는 특히 지방 국립대학의 경우 기숙사 비용이 식비를 포함하여도 한 학기에 110만 원대로 굉장히 저렴하고, 자취를 하더라도 방값이 낮아 경제적 부담이 적다.

학생 개개인에 대한 교수님의 관심과 체계적 관리

지방대는 학생 인원이 적은 만큼, 소규모 단위의 수업이 많아 교수님과 학생 사이의 친밀도가 수도권 대학에 비하여 높은 편이다. 지방대를 가 보면 교수님과 학생들이 사제 간 축구대회를 하거나 자주 등산을 가는 등의 이야기를 들을 수 있는데, 수도권 대학에서는 이런 일이 정말 흔치 않다는 걸 생각하면 지방대학에서는 교수님과 친해질 수 있는 기회가 더 많다고 볼 수 있다.

이처럼 단순히 학업적인 조언뿐만 아니라 진로상담, 인생에 대한 계획 수립에 도움을 주거나 함께 취미를 나누는 진가족 삼촌 같은 느낌 가족 같은 느낌의 대학생활을 누려 볼 수 있다.

새로운 지역 문화의 경험으로 인한 인식 확장

지방대, 특별히 내가 원래 생활하던 지역에서 벗어나 타 지역의 지방대를 진학하게 된 경우, 듣지 못했던 각종 사투리(방언)를 비롯하여 그 지역의 유명한 특산물과 축제 등을 경험하면서 새로운 지역의 전통과 문화에 대하여 배우게 되는 기회가 생긴다. 특별히 성인이 된 이후 원래 살던 지역에서 벗어나 스스로 밥을 챙겨 먹고 빨래를 하고 또본가에 가기 위해서 시외버스 등을 타면서 이동하며 독립심을 기를 수 있고, 글로벌 시대에도 필요한 문화적인 다양성 이해능력을 키우는 데 기초적인 경험이 된다. 대학에서의 생활이 너무 즐겁다면 취업 후 그곳에 정착하거나 대학이 있는 도시를 제2의 고향이라고 하는 학생들도 많다.

치열한 경쟁에서 벗어난 자기계발의 기회

지방대는 수도권 대학보다 상대적으로 학점을 따거나 활동을 하거나 학생회 자치 임원을 선거하는 것에도 경쟁이 덜 치열한 경향이 있다. 이는 열심히 대학생활을 하려는 학생들에게 자기계발의 기회를 제공한다. 학업과 학생회활동, 동아리를 비롯하여 대외활동까지 여러 가지에 도전해 볼 수 있는 여유가 생긴다. 이런 환경들은 학생으로 하여금 조금만 노력을 하면 할 수 있다는 자신감을 형성해 주고, 자기 주도적으로 계획을 세우고 목표를 이뤄 나가면서 결과적으로는 한 단계 더 성장할 수 있는 발판을 마련해 준다.

이상 다섯 가지의 장점들을 살펴봤다. 여유롭고 돈이 적게 들고... 어디서 많이 들은 얘기 아닌가? 맞다. 앞선 챕터에서 대학의 현실에 대하여 이야기를 할 때, **대학의 기대가 무너지고 환상이 깨지는 이유 중의 대표적인 것이 '돈과 시간의 부족'에 기인하다고 했다.** 지금까지 내용만 본다면 돈과 시간의 여유를 찾아 주는 지방대학이 마치 정답인 것 같다. 하지만 이제부터 동일하게 다섯 가지의 지방대학의 단점에 대하여 알려 줄 것이다. 지방대학의 다섯 가지 단점들을 살펴보면서 과연 지방대학에 대하여 어떤 결론을 내리고 생각할지 나는 독자들의 생각이 무척 궁금하다. 단점 나열 시작하겠다.

제한적인 취업 기회

지방대를 가지 말라고 중하위권 대학이어도 인서울 대학을 가라고 그렇게 부모님들이 강조하는 이유가 뭘까? 딱히 그렇다 할 만한 근거는 없지만 지방대를 가면 괜히 인서울 대학교 나온 학생들에 비해서 졸업 후 취업할 때 불리할 것 같아서다. 선입견이기도 하지만 보통 사람들은 지방대학 졸업생들을 수도권 대학 졸업생들에 비해 취업시장에서 불리하다고 평가한다.

대기업과 주요 중견기업들의 연구센터, 본사, 그리고 이제는 생산공장까지 수도권 외곽지역의 연구센터와 병합하여 운영함으로 인해 모든 자원이 수도권으로 밀집되어 인간자본까지 거기로 몰려 있게 된 상황이다. 실제로 보통의 경우 우리가 모두 잘 알듯이 수도권을 중심으로 위치한 기업들은 채용과정에서 수도권 대학 출신을 선호하는 경향이 크다고 볼 수 있다.

출신 대학과 나이 성별 등을 알 수 없게 한 블라인드 채용이 생긴 것을 보면 지금까지 얼마나 이 상황이 심각했는지 알 수 있지 않은가? 그러나 여전히 블라인드 채용을 통해서 합격하더라도 대한민국의 학벌, 인맥 줄타기로 인해서 승진에서 밀려날 가능성은 여전히 존재한다. 성공한 CEO, 정치인, 유명 기업 인사들이 명문대 출신인 것을 제쳐 놓고 생각하더라도, **지방대 학생의 제한적인 취업기회는 단순하게 학벌문제가 아니라 지역적인 편중에서 오는 구조적 문제이기도 하다.**

학업 수준의 편차는 어쩔 수가 없다.

지방대학은 수도권 대학에 비해 상대적으로 낮은 입학 성적을 요구한다. 이는 단순하게 입시결과를 보면 알 수 있다. 이로 인한 학업 수준의 편차는 단지 학생이 중고등학교 때부터 수도권 학생과의 격차가 있다는 인식을 벗어날 정도로 수업의 질적인 면에 있어서도, 교수님이 진행하는 강의의 수준이 수도권 학생들에 비해서 현저하게 낮아지거나 진도가 수도권 학교에 비해 상대적으로 느리거나 학생 개개인의 수준에 맞지 않는 강의들이 우후죽순으로 생기며 혼란을 야기할 가능성까지 배제할 수 없다.

결국 학생들은 그나마 장점으로 여겨지는 교수님과의 면담 기회 등을 활용하며 자신의 학업 목표를 이루기 위해서 스스로 더 많은 노력을 기울여야 하는 상황이 발생하며 일부 학생들은 이 노력을 해서 공부하느니 수능을 다시 보는 게 낫겠다고 판단하여 재수 삼수를 결정하기도 한다. 미리 말하지만 지방대 활용하는 방법 편에서 재수 삼수보다 더 유용한 방법을 알려 줄 것이니 기대하길 바란다.

대중교통과 생활 편의성 부족.

지방대학은 대체로 대중교통 접근성이 떨어지고, 생활 편의시설이 부족한 경우가 많다. 학생들은 통학이나 외출 시에 불편함을 겪을 가능성이 크고, 생활에 있어서 필요한 필수품을 구매하는 것에도, 여가 시간을 누리기 위해서 문화생활을 하는 것에도 제한을 받게 된다. 지방대가 위치한 지역에 거주하는 학생이 아닌 외지인의 경우 불편함은 더 크게 느껴질 것이다.

수도권 대학과의 비교에서 오는 심리적 부담감과 자괴감.

지방대학 학생들은 수도권 대학과 끊임없이 자신을 비교한다. 사실 대한민국 국민이라면 인정하기 싫겠지만 삶을 살아가는 데에 있어서 우리가 얼마나 자기 자신을 타인과 비교하는지 생각하고 양심에 손을 얹고 고백해 본다면 잘 알 것이라 믿는다. 이러한 끊임없는 비교는 학벌주의 사회에서 종종 경험하게 되는 좌절감(때로는 좌절이 성장하여 자괴감까지)으로 이어지며, 자신의 대학에 대한 자부심을 갖기 어려운 것은 기본이고 입학 전부터 스스로 가야 할 대학을 지잡대라고 폄하하며 우리 삶이 마치 쓰레기인 것처럼 생각하기도 한다.

하지만 대학을 막상 졸업해 보면 문제는 대학 자체가 아니라 본인이 그 상황 속에서 어떤 선택을 하고 어떤 대학생활을 했느냐에 따라 달라진다는 것을 깨닫게 되고 같은 학부 출신 중에서도 대기업에 입사한 사람들에 대한 또 반복되는 비교와 그로 인한 심리적 부담과 자괴감을 느끼는 악순환에 빠지곤 한다.

지방대의 장단점에 대하여 간략하게나마 살펴보았다. 어떤가? 당신은 지방대에 대하여 어떤 생각을 가지게 되었는가? 혹은 지방대에 대한 당신의 선입견이 바뀌거나 더 견고해진 것인가? 나는 지방대학의 장단점은 단순히 대학의 위치와 구조적인 특성에서 기인한다고 생각한다.

이런 구조적인 특성은 내가 바꿀 수 있는 것이 아니다. 그렇다면 내가 바꿀 수 있는 것은 무엇인가? 내가 이 상황을 인식하고 받아들이는 태도다. 당신이라는 개인이 만일 지방대에, 소위 말하는 지잡대에 진학했더라도 당신의 태도에 따라서 대학생활과 취업 등의 미래는 충분히 바뀔 수 있다는 것을 기억하자.

철학을 굉장히 좋아하는 나는 철학적인 이야기를 하는 것을 좋아한다. 이 책에서도 한 번쯤은 철학에 관련한 내용을 적어 보고 싶었는데 지금이 적절한 때인 거 같아서 적어 본다. 나는 철학자 중에서는 쇼펜하우어를 가장 존경하고, 여러 철학 학자들의 학풍 중에서는 스토아 철학을 좋아한다. 스토아 철학(Stocism)은 고대 그리스 사상 중에 하나로, 자신의 통제 밖에 있는 것들에 관하여 초연함을 지키고 통제 안에 있는 것들에 집중하는 냉정함을 강조한 철학이다. 나는 이 스토아 철학을 좋아하는 이유가 있는데, 스토아 철학을 알기 전까지 내 인생은 주변 환경과 나의 감정을 통제하지 못해 힘들었던 날이 많았기 때문이다. 이 철학을 접한 이후 나는 세상을 더욱 쉽게 살게 되었고, 모든 것에 초연해지려고 삶을 실천하고 있다.

쇼펜하우어는 "행복은 우리의 내면 상태에 달려 있다"는 주장을 했다. 이것은 상황 자체보다는 그것을 받아들이는 태도가 중요하다는 점을 강조한 것이고, 이는 결국 나의 좌절, 내가 통제되어 있는 모든 상황에 집중하지 말고 내가 어떤 스탠스를 취할 것인가 하는 나의 행동의 원동력이 되는 마음가짐을 중요시한 것이라고 생각한다. 운명이 있다 하더라도, 그것이 다가올 때에 적어도 내 마음 하나는 내가 통제할 수 있어야 사람이라고 생각한다.

스토아 철학자 중에서 에픽텍토스는 다음과 같은 말을 남겼다고 한다. "인간을 괴롭히는 것은 사물 그 자체가 아니라, 그것에 대한 의견이다" 지방대에 진학한 학생들이 끊임없는 비교와 지잡대의 단점을 찾는 행동을 지속한다면 그것은 자신을 괴롭히는 것일 뿐이다. 자기 자신을 사랑하고 아껴 주자. 그동안 내 삶을 지탱해 준 것도 어제의

'나'고 내일 내 삶을 이끌어 나가는 것도 결국 역시 내일의 '나'다. 과거부터 고생해서 나를 이끌어 준, 그리고 앞으로 나를 이끌어 갈 현재의 나에게 마음의 응원을 해 보는 것은 어떨까?

당신의 인서울이라는, 대기업이라는 나중에 반드시 이루게 될 원대한 목표를 응원하지만, 지방대에 진학하게 되었다고 해서 꿈이 이루어지지 않는다는 절망에 빠질 필요는 없다.

지방대의 활용법, 지잡대에서 인서울 지거국 가는 꿀팁.

"비관론자는 불평을, 낙관주의자는 기대를, 현실주의자는 행동을."

지방대의 장점들을 나열하다가 지나고 나서 생각난 점이 있어서 적는다. 이 챕터에서 꼭 필요한 지방대의 장점인 것 같아서 빠트리면 후회할 것 같다. 지방대는 각 지역에 공기업 공단 등이 위치한다면 지역 대학교 지역할당 채용제도가 있다. 각 시도의 혁신도시와 공공 기업유치도시 등의 채용공고를 살펴보면 우대항목에 지역대학 출신자가 있고, 심지어 어떤 곳은 기사 자격증을 소지한 사람만큼의 가산점을 부여하기도 한다.

지방대 특히 지방에 위치했는데 재정은 튼튼한 대학 같은 경우 장학금을 매우 매우 빵빵하게 지원해 주는 대학이 많다. 4년제 위주의

대학을 가야겠다는 생각을 잠시 접어 두고 각 지역의 도립 전문대학교 등을 찾아본다면 학비가 소득수준과 상관없이 100퍼센트 무료인 학교도 많다는 것을 알 수 있다. 대학을 이미 졸업하신 학부모들은 내가 무슨 말을 하려는 것인지 대략 감을 잡으셨으리라 생각한다. 나는 꿀팁으로 "편입제도"에 대하여 알려 주려고 한다.

대학교를 진학하지 않으신 학부모님들이나 아직 대학교에 대하여 잘 모르는 수험생과 학생들에게 편입이라는 제도는 어색할 것이다. 대학을 가는 유일한 방법이 고등학교 때에 열심히 해서 수준에 맞게 가는 것이라고 학교에서 가르치고 또 학생 본인 스스로도 대학교를 편입하는 것에 대해 지금부터 알아보는 사람은 없을 테니까. 하지만 완전 럭키비키 당신! 내 책을 읽은 이후 당신은 그 어느 누구보다 당신의 주변에서 가장 대학을 손쉽게 가는 꿀팁을 아는 전문가가 된 것이다. 축하한다.

이 학교는 공짜로 해 줍니다.

나는 중학교 때까지는 전교 5등 안에 드는 수재여서 자랑할 것이 많지만, 고등학교 때에는 사실 학기 평균 1등급의 성적표는 받아 본 적이 없다. 고등학교 때에 첫 연애를 해서 그럴 수도 있고, 학교 자체가 당시 특목고에 준하는 일반계 고교라서(학교를 다니던 2012년 당시 전국 고등학교 순위 100위에 들던 지역 명문 고등학교였다. 우리 학교 출신 만점자는 TV에 나와 퀴즈쇼에 참여하기도 했던 만큼 우리 시도에서는 알아주는 명문고교다) 성적을 잘 못 받았을 수도 있다.

연세대학교에서 공부할 때에 학점 평점 성적유지를 통해서 겨우겨우 장학금을 수령하고 졸업한 것에 비교하여 현재 다니고 있는 지방대에서는 입학 때부터 가장 높은 등급의 장학금이 결정되는 것에 놀랐었다.

현재 나는 H대학교(가명)에 다니고 있는데, H대학교는 유명 대기업 산하의 대학으로 입학 성적이 수시 내신 평균등급이 2등급대면 4개 학기를 전액 장학금을 지급해 준다. 정시의 경우 탐구과목은 한 과목으로 측정하여 수능 응시영역 두 영역 합산 3등급 이내면 4개 학기 장학금을 지급한다.

솔직히 각 지역의 대학교를 입시모집요강을 살펴보고 또 과외업과 학원강사를 하면서 몇 년을 살펴봤지만 4년제 사립대학 중에서 현재 내가 다니고 있는 학교만큼 장학금이 빵빵한 대학은 본 적이 없다. (궁금하면 이메일로 학교 어디인지 물어보기 바란다) 덕분에 나는 공짜로 학교에 다니며 배우고 싶은 과목을 무료로 수강하면서, 또 졸업에 대한 부담 없이 많은 교수진들과의 인맥을 쌓고 여러 대학생들의 멘토 역할을 수행하게 되었다.

다음 페이지에 나오는 저자의 성적표는 바로 그 H대학교에서 받은 첫학기 성적표다.

최지욱(남) 2024

전체 평점	취득학점	전체 평점평균
96.13	15	4.37

집중체험 인정학점	교류협력대학 인정학점	대학과사회봉사 인정학점	편입생 인정학점
0	0	0	0

2024년 / 1학기 [1학년]		평균평점 4.37
신청 / 취득	15 / 15	평점 4.37
백분율	96.13	석차 3 / 24
상세내용 보기		⊙

강원도 모 지역에 위치한 H대학교에서의 첫 학기 성적

이 학교에서 지난 학기(2024-1학기) 나는 4.3이라는 생애 첫 4.3을 넘은 성적표를 받아 봤는데,(연세대학교는 평점 만점이 GPA 4.3/4.3 이라서 애초에 4.3을 넘길 수 없음) 과탑이라는 성적표보다 더욱 놀라운 것은 그 성적표를 받기 위해서 내가 과연 수업을 열심히 참여하고 시험공부를 하고 조모임에 밤을 새우고 커피를 마셔 가며 자료조사와 발표 준비를 했냐는 것이다. 정답은 나는 아무 노력도 하지 않았다는 것이다. 이해하기 어려울 수 있다. 아무 노력도 안 하고 4점대 성적표가 나온 거면 정말 이상하다라고 생각할 수 있다. 그래서 나는 부정행위 등이 없었다는 것을 증명하기 위해서 내가 한 학기 동안 했던 행동들을 정리해 주겠다.

일단 나는 학교 수업에 필요한 교재들을 그 값이 아깝더라도, 내용이 쉬워 보여도 구매하라는 교재는 모두 구매했다. 강의 때는 맨 앞에 앉지는 않았고 충전기 돼지코가 있는 기둥 구석 자리에 앉았다. 대신 빔 프로젝터는 잘 보이는 위치에 앉았다. 수업시간에는 수시로 카톡과 인스타그램을 확인하였고, 그럼에도 학교 수업시간에 졸거나 게임 같은 것을 하지는 않았다.

수업을 들으면서 쉬는 시간에 궁금한 것이 생기면 즉시 교수님께 여쭤봤고 시험의 경우 2주 전에 빡세게 공부하는 행동은 하지 않았다. 시험기간에는 평소 하던 대로 수업 끝나고 10분씩 배운 내용을 한 번 더 확인하는 것이 전부였다.

설마 이걸 열심히 학교생활 했네~라고 이야기할 분들께 내가 학기 중에 한 행동들을 추가로 적어 본다. 학기 중 4월에 나는 혼자 싱가포르 자유여행을 떠났고 4일간 여행을 하느라 학교 수업은 일주일씩 빠지게 되었다. 물론 시험기간 직후 다녀온 것이라 진도를 나가지 않아 수업에 빠지지는 않고 출석점수만 깎였던 거다. 5월에는 몽골을 혼자 다녀와서 또 4일가량을, 일주일을 학교를 빠졌다.

대학교 출석 성적 체계를 설명해 주자면, 출석일수의 4분의 1 이상 결석하면 시험 성적과 관계없이 F다. 해외여행만 언급해서 그렇지 나는 의도적으로 '영상시청 등을 한다고 고지한 수업일자'에는 학교에 가지 않거나 국내여행을 떠났다. 그럼에도 불구하고 나는 전 과목에서 A를 받았다. A+를 받지 못한 과목은 수업 출석이 몇 번 빠져서 교수님 재량에 따라 A0와 A+ 성적 중에 선택할 수 있는 감정의 영역이라 생략한다.

간혹 대학생 중에서는 이렇게 물어볼 수 있다. 전공과목을 듣지 않고 교양 쉬운 것만 들어서 성적이 좋은 것 아니냐 묻는다면 학부 때 전공이 행정이고 대학원 때 나의 전공이 교육학임을 가정했을 때에 저번 학기 수강한 "경영학"은 내가 문외한인 학문임에 틀림없단 걸 밝히고 싶다. 그 정도로 지금 내가 다니고 있는 지방대는 성적을 따기 쉽다. **전국에 250개가량의 4년제 대학이 있다고 한다.** 그중에서 내가 현재 다니는 지방대는 186위를 기록한 학교다. 개인적인 생각이지만 순위 150위 밖의 학교에서는 누구나 나처럼 수업 들어도 4점대 성적은 받는다.

이제 나의 사례를 토대로 해서 내가 스무 살 신입생이라면 이 학교의 시스템을 어떻게 활용해서 건국대 이상의 대학교에 진학하거나 충북대 이상의 지방 거점 국립대학에 편입할 것인지에 대하여 설명하고자 한다. 아무리 노력해도 성적이 오르지 않는데 영어는 재밌다 혹은 영어와 수학은 할 만하다는 학생들은 특히 집중하길 바란다. 모의고사 성적으로 갈 수 있는 대학교보다 최소 한 단계는 높은 대학 갈 수 있는 방법을 알려 줄 거다.

수능아 저리가라~ GOD 편입 들어오신다.

일단, 수능이라는 체계 말고도 대학을 진학할 수 있는 방법은 편입이라는 제도가 있다. 편입은 2학년까지 수료를 한 학생이 3학년 입학을 전제로 해서 가고 싶은 학교에 지원하는 것인데 보통 고등학생들은 이런 편입에 대하여 모르는 경향이 대다수며, **일부 편입제도를 이용할 계획을 가진 학생들은 의도적으로 학점은행제 과정을 이용하거나 사이버 대학교(방송통신대학교 등)와 같은 학비가 저렴한 과정에서 수업을 들으며 높은 학점을 받아 두기도 한다.** 전문대에서 취업 실무에 필요한 자격증을 취득한 이후 몇 년 일을 하면서 대학교 학비를 벌고 4년제 인서울 대학에 편입하여 부모님의 지원 없이 대학을 졸업한 사례도 내 주변에는 널렸다.

하지만 학교에서는 편입의 방법에 대하여 이야기하지 않는다. 학원에서조차 대학을 쉽게 가는 방법에 대하여 알려 주지 않는다. 왜일까? 대체 왜 그들은 당신에게 알려 주지 않았을까?

내가 학원에서 근무하던 시절, 고3 아이들 중에서 정말로 시험 준비에 스트레스를 받은 친구가 있었다. 나는 그 학생에게 지거국 정도의 학교가 목표인데 성적이 안 나와서 고민이라면 스트레스 받지 말고 편입이라는 제도를 활용해 보라고 권유했다. 편입에 대하여 이해한 그 학생은 집에 가서 부모님께 이야기를 했고, 그다음 날 학원에 가보니 원장은 내게 학생들에게 공부가 아닌 쓸데없는 소리를 해서 물을 흐리지 말라는 핀잔을 줬다.

나는 이 사건을 계기로 이들이 아이들에게 편입이라는 활용하기 좋은 제도를 알려 주면 학원에서 공부할 이유가 없어진다는 것을 깨달은 학생과 학부모로 인해 **학원의 수입이 줄어드니까 안 알려 준 것이라는 판단을 하게 되었다.** 학교 선생님 역시 편입이라는 대학 가기 쉬운 방법을 학생들이 알아 버리면 학생들이 과목공부를 소홀히 할 것이기에 마치 매트릭스의 파랗거나 빨간 약처럼 진실을 알려 주지 않으려고 숨기는 듯했다.

그러나 나는 학생을 가르치는 게 돈 때문이 아니다. 애초에 이 책을 적는 것도 책을 팔아서 큰돈을 만지고 싶어서 하는 것도 아니다. 시중에 있는 자기계발서와 교육 관련 공부 관련 도서를 보자. **다 노력은 배신 안 한다 같은 뜬구름 잡는 소리**만 하고 있다. 대체 그런 책들을 18000원 주고 사서 뭐 배운다는 말인가? 하지만 내 책은 분명히 실용적일 것이다.

나는 내 지인들 친구들을 편입에 성공시킨 멘토이자 많은 대학생들을 현재에도 상위권 대학에 편입시키는 데 도움을 주는 훌륭한 동네 형 아는 오빠다. 그런 사람이 좋은 것을 알려 줄 때에 야 커피 사라, 돈 내고 들어라 하지는 않는다. 내가 특별히 알려 줄게~ 이게 바로 이 책의 목적인 것을 생각할 때에 당신은 나의 말을 귀 기울여 듣기를 바란다.

강원대학교에 진학하는 것이 목표였던 학생은 결국 학원을 끊고 나와 1대1 무료 컨설팅을 통해서 일단 수능을 치르지 않고 고등학교 졸업 후 방송통신대학교 과정을 한 학기에 18만 원 등록금을 내며 4학기를 다녔다. 4학기 동안 알바를 겸하면서 열심히 공부한 그 친구는 평점이 4.5 만점에 4.1을 받으며 강원대학교 춘천캠퍼스 인문계열 학과에 편입하는 데 성공했다. 솔직히 고3 때 이 친구의 성적을 보면, 재수를 하더라도 강원대학교 본캠퍼스 학과 진학은 무리였다. 내신도 낮았고 수능등급은 평균 4등급 이하였으니까.

하지만 편입 영어를 공부하면서 2년 동안 편의점 알바를 통해서 등록금도 벌어 놓고 방송통신대학교 수업을 온라인으로 들으면서 학점을 유지한 결과, 고3 때 고민은 눈 녹듯이 사라져 버렸다. 들리는 소식으로는 이 친구는 현재 강원대학교 석사과정에 진학하여 서울대학교 박사과정을 준비한다고 한다. 아무쪼록 나의 후배들 나의 제자들을 응원한다.

편입 실전 적용 방법.

지금부터 나올 내용은 나의 뇌피셜이다(개인적인 생각). 당신이 만약 대학교에 진학하고 싶은데 지방의 거점 국립대학인 충북대학교나 부산대학교 경상국립대학교 전남대학교 급의 학교에 진학하고 싶은데 당신의 실력이 반에서 꼴찌라면 집중하기를 바란다. 당신이 내가 적은 대로만 실천하면 당신은 분명히 위 지거국 대학에 합격할 수 있다(편입으로).

하나, 당신의 성적으로 진학할 수 있는 가장 등록금이 싼 대학과정, 혹은 온라인 학섬은행제 과정, 방송통신대학교에 진학해라.
둘, 지난날의 공부하지 않은 것에 대한 반성의 의미로 문과라면 영어를 정말 도를 닦는 심정으로 기초부터 빡세게 공부해라. 편입영어는 지거국 혹은 대한민국 상위 40위 안에 드는 학교(명문대 지방 캠퍼스라인)까지 편입하는 데 필수적인 과목이다.

셋, 학점을 4.5 만점이라면 최소 3.9 이상, 넉넉하게 4.1 이상 유지하고, 학점 만점이 4.3이라면 최소 3.8 이상, 4.0 정도의 학점을 받도록 하자.

넷, 편입 시기가 되었을 때, 지원하고자 하는 학교의 입시 홈페이지를 통해 입학처와 연락하여 3개년 평균 경쟁률과 합격 커트라인 등을 확인하고 자신이 가고자 하는 학과 세 개를 정해서 가능성을 판별하여 지원한다.

다섯, 고교 시절 공부하는 고생 없이 영어와 자기주도적인 인생설계 하나만으로도 당신은 지역 명문대 수준의 지방 거점 국립대학에 입학하게 된다!

이 책이 만에 하나 유명해져서 베스트셀러가 된다면, 대학 입시 차원에서는 편입 제도를 지금보다는 어렵게 바꿀 수도 있다. 하지만 여전히 편입이라는 제도는 대학교를 진학하기 가장 쉬운 방법이라는 것을 잊지 마라.

추가로 적자면, 대학을 졸업하고 그다음 과정인 **석사나 박사와 같은 대학원 과정은 아주 놀라울 정도로 경쟁률이 적다.** 한 극단적인 예로 우리나라 최고 대학인 서울대학교의 석사과정의 경우, 일반 대학원 경쟁률이 5개년 평균 잡아도 2.5대1이 안 된다는 사실을 알고 있었는가? 당신이 서울대 동문이 되고 싶다면, 영어공부를 열심히 하고 대학교 학점을 잘 따 두도록 하자. 서울대까지 노려볼 수 있으니까.

인생을 쉽게 사는 것은 잘못이 아니다. 쉽게 사는 사람들도 어렵게 사는 사람들도 각자의 인생을 사는 것이다. 하지만 **인생을 쉽게 사는 사람들을 비하하고 무시하는 태도는 그저 열등감에 지나지 않는다.** 나는 인생을 쉽게 살기를 좋아하는 사람이고 모두가 그렇게 살기를 바라는 마음에 인생 쉽게 살고 대학 쉽게 가기의 교주가 되기로 했다. 모두 나의 방식을 따라서 본인의 실력보다 더 높은 꿈을 꾸고 더 높은 대학에 진학하기를 바란다.

챕터 10

학창 시절 한자리해 보고 싶니?
반장 되는 법.

"네 믿음대로 될지어다." – 성경(마태복음 8장 13절)

  학생은 그토록 누군가는 해 보고 싶어서 매년 매 학기 안달이 나고 난리가 나는 그 자리, 반대로 학부모는 부담되기도 한 아이의 그 자리, 챕터의 제목에서 알 수 있듯이 그 자리는 바로 우리 반 반장의 자리다. 내가 중학생 때를 떠올려 보면 참 중학생 친구들은 모두 비슷한 사고방식을 가졌다. 하지만 그 사고의 흐름이 크게 두 가지로 나뉘는데 그것은 반장이 되는 것, 축제를 나가는 행위 등에 대한 인식의 차이에서 비롯된다.

  어떤 중학생 아이들은 반장도 되고 싶고, 축제에 나가서 노래를 부르거나 춤을 추고 싶어 하고 또 어떤 친구들은 반장이 되거나 앞에 나가서 춤추고 노래 부르는 것을 창피한 것이라고 생각한다. 나는 반장이 되거나 축제에 나선다는 것 자체를 굉장히 극도로 혐오하다가 특정 시기 이후에는 내가 관심을 받지 못하면 손에 땀이 나는 사람으로 변해 있었다.

왕따의 성장이야기.

저자인 나의 어릴 적 성격은, 쉽게 말해 초등학교 적에는 화장실이 급해도 손을 들고 이야기하기 너무 떨리고 무서워서 선생님께 말씀도 못 드리고 땀이 뻘뻘 날 정도로 쉬는 시간까지 기다렸다가 화장실을 갈 때에도 반 친구들의 눈치를 보면서 겨우 갔던 학생이었다. 그러나 중학교의 특정 시점이 지난 이후에 내 성격은 그때에 비해서 180도 바뀌게 되었다.

나는 내 성격이 크게 변하게 된 계기는 바로 반장이라는 역할을 수행해 보고 난 뒤라고 이야기하고 싶다. 정확히 반장이 되어야겠다 반장 출마를 해야겠다고 마음을 먹은 계기는 없는 것 같다. 그냥 문득 중학교 1학년 때, 친구가 없어 보이는 서너 명과 함께 밥을 먹고 하교를 하다 보니 그 친구들이 반장으로 나를 추천한다고 하는 바람에 등 떠밀려 하게 된 반장이라는 직책이 나의 성격과 삶을 이렇게 바꿀 줄은 그때는 미처 몰랐었다.

초등학교 적 해외에서 주재원으로 계시던 아버지를 따라 미국으로 건너가 2년간 미국 초등학교에서 조기유학을 하면서 나는 한국어를 완전히 까먹고 귀국했다. 당시 4학년 반에 배정받았을 때 반 친구들은 뚱뚱하고 한국어를 못하는 나를 따돌렸다. 내 별명은 돼지새X였고, 학교가 끝나면서 등이 축축해서 가방을 열어 보면 터진 우유를 내 가방에 넣는 등 반 친구들은 나를 은은하게 괴롭히고 따돌렸던 것 같다.

외국에서 학교생활을 하고 왔었기 때문에 영어를 잘한다는 소문은 전교에 돌아서 학급에서는 나를 영어부장으로 세워 영어시간마다 본문을 읽게 했지만, 반 친구들은 특유의 한국인 영어 발음과 다른 혀를 잘 굴리는 나의 죽여주는 발음에 매번 비웃고 놀려 댔고, 그런 일종의 트라우마 때문에 나는 반장이 되거나 학급의 과목부장이 되는 자리를 맡는 것을 꺼렸다.

그런 나도 마음속 어딘가에 나서서 무언가를 성취하거나 내 장점을 드러내고 싶던 강한 욕망이 있었던 것 같다. 초등학교 5학년 적에 반 장기자랑을 할 때, 한국어가 다시 유창해진 나는 내가 하고 싶은 연극부와 반 장기자랑 밴드부로 참여하여 노래를 부르면서 선생님들과 반 친구들에게 인지도를 쌓았고 학교에서도 바보 같은 모습을 더 이상 보이지 않으니 왕따에서 벗어났다. 만 1년 만의 일이었다.

그때부터였을까, 왠지 나도 학생회장이 되고 싶고 반장이 되고 싶고 축제에도 참여하고 싶은 강한 욕망이 나를 나서는 길로 이끌었다. 주눅 들었던 자아가 펼쳐지고 싶은 강한 소망이었을까, 6학년 때 생애 처음으로 반에서 부반장 역할을 하면서 나는 학급의 일을 도맡아서 배우기 시작했다. 반장이 주로 인사를 하지만 가끔 부반장이 인사를 하는 날에는 왠지 리더가 된 듯한 착각에 행복했고, 이런 작은 직위가 주는 즐거움이 나를 설레게 하고 하루하루를 학교생활을 즐기게 했다.

중학교 적 반장이 된 나는 학교폭력이 심하던 2000년대 후반 2010년대 초반 중학교를 거치면서 말 그대로 학교폭력과 일진이라는 '악'과 싸우는 존재로서 소위 "찐따" 친구들의 많은 지지를 받으면서 학생회장단까지 오르게 된다.

너네가 왕따나 찐따의 마음을 헤아릴 수 있겠어?

이 챕터의 제목을 한자리하고 싶니라고 했지만, 여전히 그때도 지금도 나는, 반장이나 학생회장 같은 직책은 정말로 학교의 구성원들에게 도움이 되고 학생들, 친구들을 신경 쓸 수 있는 따뜻한 마음을 가진 학생이 되어야 한다고 생각한다.

당시의 내가 과연 따뜻한 사람이었는지 나는 감히 스스로를 평가할 순 없겠지만, 중학교 친구들과 만나 예전 학창 시절 대화를 하면 한결같이 그때 너가(저자인 내가) 선생님들 불러서 양아치 싹 다 잡아들이고 반 애들 데리고 스키장 펜션 빌려서 재워 줬던 거 진짜 좋았었다고 이야기하는 친구들의 말을 들으면, 그래도 나 한 사람의 욕심으로 그 자리까지 오르게 된 것은 아니라는 강한 확신이 든다.

중학교 적 내가 다니던 학교는 소위 일진도 많았지만, 공부를 하면서 일진놀이를 하고 싶어 하는 변종들이 많았다. 반장에 떠밀린 내가 반장에 나서지 않겠다고 할 수 있었음에도 반장선거를 지속하고 약한 친구들을 위해서 싸웠던 것은, 그런 변종들이 설치는 학교를 보기 싫었기 때문이다. 만일 학생인 당신이 반장이 되고 싶다면, 그저 내가 다른 사람들 앞에서 리더십을 발휘하고 반 친구들을 통제하는 놀이를 해 보고 싶어서가 아니라, 진짜 약한 친구들을 보듬어 주고 분위기를 흐리는 나쁜 종자들을 휘어잡을 수 있는 강한 사람이 되고 싶다는 마음에서 비롯되어야 한다.

반장이나 학생회장단 선거는 보통은 기명투표이고, 거수투표로 진행하는 경우는 드물다. 그만큼 투표를 하는 반 친구들 전교생들은, 겉으로 보이는 웃음과 다르게 속마음은 어떤 후보를 점찍을지 모른다. **거짓으로 친한 척 다가가거나 감언이설로 친구들을 속이는 행위 등은**

반장이 되거나 학생회장단이 되면 오히려 당신에게 독이다.

    왜냐면 그 자리를 유지하는 동안 1년이건 한 학기건 계속 알게 모르게 욕을 먹을 것이기 때문이다. 반장이나 학생회장 등 리더가 되고 싶은 사람은 진실해야 한다. 그리고 작금의 대한민국 정치계에서 보여 주듯, 어른들의 정치와 같이 정치인 리더는 욕먹는 것을 감수하는 멘탈이 강한 사람이어야 한다. 물론 자리가 사람을 만들어 준다고, 그 자리에 오르면 누구든지 강해지는 것 같다. 이걸 무뎌진다고 해야 할지도 모르겠다.

    이 챕터에서 오 개꿀 다 반장 하고 싶은데 이거 보고 따라 해야지라며 읽기 시작한 학생이 있을지도 모르겠다. 사실 나는 이렇게 적으려 했다. 반장이 되려면 일단 초반에 반 친구들의 환심을 사기 위해서 선생님께도 많이 질문하고 또 애들한테 말도 많이 걸면서 친해지고 **월화수목금 매일 다른 요일마다 다른 친구 무리와 밥을 먹으면서 친해져라...** 그럼 된다고...

말하지 않아도 알아요.

그렇게 적고 싶었는데 말이다, 내 나이가 서른이 다가오니 나이가 조금 들어서 그런가 그런 약은 방법만으로 반장이 된다면 반장이 아닌 일반 학급 구성원 친구들이 너무 어린 나이부터 거짓된 정치에 속는 경험을 하게 될 것 같아서 속상해서 상세히 적지는 않았다.

다시 강조하지만 거짓으로 사람의 환심을 사려고 하지 말아야 한다. 항상 웬만하면 모든 일에 모든 감정에 진실되길 바란다. 진심으로 다가가는 사람은 눈빛부터가 다르기 때문에 목적이 있어 다가가는 계획적인 사람은 졸업할 때 보면 친구들도 싫어하고 선생님들도 눈살을 찌푸릴 만큼 끝이 좋지 않다.

반장이 되기로 결심한 당신, 제발 진실된 마음가짐으로 친구들을 대하고 진심으로 나아가자. 그러면 시간이 조금 걸리더라도 반 친구들이, 담임 선생님이, 당신을 이해하고 지지하고 응원하게 될 거니까. 진심을 다해 친구들과 친해져 본 학급의 리더로서 학교의 리더로서 10년도 더 전에 당신이 나아갈 길을 걸어온 저자인 내가 당신을 응원한다. 반장이 되어 보자!

공부에 관한
이 책 활용법.

경쟁이나 협동이나
발전하기는 마찬가지다.

"우리의 마음은 우리만의 공간이다. 지옥과 천국은 우리가 선택하는 것." – 존 밀턴(John Milton)

당신은 타인의 성공을 보면 어떤 마음이 드는가? 부러운가? "축하해"라는 말이 가장 먼저 나오는 사람인가? 무시해 버리는가? 혹은 짜증 나는가? 아무도 당신의 마음을 모른다. 그래도 솔직하게 생각해 보자. 이건 도덕시간이 아니다.

무엇이 옳고 그름을 판단하는 것도, 어느 한쪽에 치우쳐서 당신의 사상을 바꾸려는 노력도 아니다. 당신은 타인의 성공을 보면, 타인이 운이 좋아서 얻은 성취든 노력으로 얻은 결과물이든 간에 그것을 보고 들을 때 어떤 감정을 느끼는가?

그렇다면 다시 한번 질문하겠다. 당신이 만약 성공한다면, 학생이라면 어느 날 반 1등이 되고 어느 날 모의고사 성적이 한 등급씩 상승해서 담임 선생님이 당신을 반 친구들 앞에서 칭찬하고, 학부모라면 직장 내에서 내 개별 성과급이 가장 높거나 직급 승진이 가장 빠르다는 소식을 들었을 때, 당신 주변 사람들이 당신의 성공에 대하여 어떤 반응을 할 것 같은가?

이번 챕터는 학생들이 과연 어떤 유형의 성격을 지녔는지 파악하고자 하는 공부와 성격에 관한 유일한 챕터다. 책을 쓰는 나는 당신의 성격을 알지 못하겠지만, 예시로 쓰이게 될 나의 성격이 모두 드러나니 조금 부끄럽기도 하다.

공부에 있어서 나는 경쟁을 통해 성장하는 유형의 학생과 협동을 통해 성장하는 유형의 학생이 구별되어 있다고 생각한다. 절대 이 둘을 동시에 만족하는 학생은 없다(나처럼 어릴 적에는 경쟁하며 성장하다가 협동으로 변하는 경우는 많다).

학생인 당신에게 생각해 볼 시간을 주려고 한다. 글을 읽으면서 우리 반 1등을 생각해 보자. 아 당신이 만약 1등이라면(일단 축하하고) 당신에 대하여 생각해 보자. 1등을 생각해 보고 나서는 본인 스스로에 대하여 생각해 보는 거다. 우리 반 1등의 이미지를 생각하면 어떤가?

재수 없다 부럽다 등의 감정적인 단어는 제쳐 두고 오직 경쟁적이다, 협동적이다 양자택일하자.

둘 중에 하나는 골랐을 것이다. 그렇다면 당신 생각에 우리 반 1등의 공부방식은 나에게도 적용되는가?(당신이 반 1등이라면 당신의 라이벌을 생각하면서)

특징	경쟁형 학생	협동형 학생
공부동기	타인보다 앞서고자 하는 욕구	함께 성취하려는 욕구
목표	나의 성공과 성장	나와 함께하는 사람들과의 성장
성격	승부욕, 목표 중심적	공감능력, 협력 중심
행동방식	효율성, 전략 추구	의견 나누기, 과목별 비교우위
위험요인	스트레스, 대인관계 단절	성취 분산, 비교에서 오는 자괴감

경쟁형 학생과 협동형 학생의 비교

표를 한번 보자. 이것은 경쟁형 학생과 협동형 학생에 대하여 내가 겪고 가르치며 느낀 바를 정리한 것이다. 이 두 개의 특징을 정말 동시에 갖고 있는 학생은 흔하지는 않다. 물론 없다고 단정 지을 수는 없다. 마치 내 안에 또 다른 내가 있는 것처럼, 체육시간에는 협동하다가 음악시간에도 협동하다가 문득 영어시간이 되면 과제가 어디까지였는지 시험범위에 대하여 공유도 안 하고 저리 가라고 할 수도 있는 것이다.

이처럼 학생들이 공부하는 방식은 크게 경쟁과 협동으로 나눌 수 있다. 표만 달랑 던져 놓기에는 이해하기 어려우니, 아래 글을 통해 경쟁을 통해 발전하는 사람과 협동을 통해 성장하는 학생들의 특징을 비교하고, 이 방식들이 가지는 장단점에 대하여 살펴보자.

경쟁은 타인과의 비교를 통해 자신의 성과를 측정하고, 더 나은 결과를 얻고자 하는 욕구에서 비롯된다. 경쟁형 학생은 외재적인 동기를 통해 목표를 설정하고 이를 달성하기 위해 끊임없이 노력한다. 치열한 환경 속에서 자신을 채찍질하면서 "나는 쟤보다는 잘해야 돼, 다 이겨 버릴 거야..." 강한 성취욕을 보이는 경우가 많다.

나의 중학교 2학년 시절 내가 전교 5등을 하고 있을 때, 나는 굉장히 성취욕이 강한 경쟁형 학생이었다. 솔직히 말해서 그 당시 나는 공부를 마치 나보다 성적 낮은 아이들을 먹잇감으로 이겨서 흡수하며 성장하는 그런 마인드를 지니고 있었다(지금 생각하면 어렵지도 않은 내용 같이 공부하면서 도와줄걸 후회된다).

물론 학생회장단을 당선하면서부터 경쟁보다는 모두가 내 사람들

같아서 챙기고 공부법도 공유하는 등 여유로운 모습을 지니게 되었지만, 그 당시 모두가 라이벌이라고 인식하던 날카롭던 시절에는 쉬는 시간에 누가 내 책을 건드리기만 해도 화가 났었던 것 같다. 앞서 이야기한 체육복 절대 빌려주지 않는 시기가 바로 이때다. 경쟁을 통해 성장하던 때.

이처럼 경쟁을 통해 성장하는 학생들은 라이벌, 혹은 자신보다 성적표상 아래에 위치한 학생들을 이겨 내고 싶어서, 자신의 자리에 못 올라오게 하기 위하여 치열하게 공부하는 것에서 동기를 얻는다. 이들은 목표 지향적이고, 결과 중심적이며, 도전 정신이 강하다. 성공하는 단계마다 느끼는 자극으로 끊임없이 이기고 또 이기려고 한다.

경쟁형 인간은 철저하게 자신과 타인을 비교하고, 이를 통해 자신의 부족한 점을 보완해 나간다. 이 과정에서 상대의 장점을 벤치마킹하여 자신의 것으로 만들어 활용하면서도, 자신의 장점은 절대 타인이 모르도록 숨기는 경우도 있다. 예를 들어 시험기간에 선생님이 하시는 말씀에 어딘가를 표시하는 반 1등의 공부법을 따라 하면서도, 자신이 유리한 과목에서는 마치 공부를 손 놓은 척하는 손자병법을 시도할 수도 있다.

경쟁으로 성장하는 학생들은 **단기적으로 성과를 극대화하는 매우**

좋은 방법이다. 하지만 지나친 경쟁심은 스트레스와 피로 누적을 야기한다. 또한 이는 모두를 라이벌로 인식하면서 친구로 지낼 수 있는 학생들과의 관계도 소홀해지는 것을 넘어 적대시할 위험성도 크다. 성공하는 단계마다 느끼는 자극으로 성장하지만, 때로는 실패라는 자극을 맛보고 끝없는 추락을 할 위험성도 존재한다. 경쟁을 통해 성장하는 학생의 유형에게는 멘탈 관리와 아무리 라이벌이어도 공부가 아닌 다른 부분에서는 관계를 소홀히 하지 않는 인맥관리가 중요하다.

협동은 '상호작용'과 '관계 형성'을 바탕으로 서로 돕고 배우며 함께 성장하는 방식을 의미한다. **협동형 학생은 외부의 요인이 아닌 내재적인 동기에서 공부해야지 하는 원동력을 얻으며,** 성과보다는 공부하면서 해 나간다는 과정을 중시하고 함께 공부해 나가는 구성원 전체의 성공을 바란다.

협동을 통해 친구들과 함께 공부하는 학생은 그래도 내 친구들도 뒤떨어지지 않았으면 좋겠다, 같이 해냈으면 좋겠다는 생각에서 동기를 얻는다. 이들은 공감능력이 뛰어나고, 타인의 입장을 이해하는 것에 익숙하다. 자신만의 성공을 위해서 노력하거나 자신만의 성취를 과도하게 드러내기보다는 공동의 성장과 성취라는 목표를 이루기 위해 노력한다.

예를 들어 내가 학생회장단이 된 이후 중3 시절, 반에서 공부를 열심히 하고자 하는 학생들 중에 수학은 전교 3등 안에 드는 수재인데 영어를 진짜 더럽게 못하는 친구가 있었는데(한양대에 진학하여 현재 카이스트 연구원이다), 비교우위를 활용하여 내가 그 친구의 영어 공부를 도와주고 그 친구는 나의 수학 응용 심화문제 풀이를 도와주면서 서로가 서로의 과외 선생이 되어 함께 성적이 향상된 적이 있다.

　협동형 학생은 함께하는 친구들의 장점을 결합하여 시너지 효과를 만들어 내는 것에 능하다. 서로 부족한 부분을 보완해 주며 이 과정에서 얻는 경험은 가르쳐 주고 도와주는 개인뿐 아니라 협동하는 모임 전체의 성장으로 이어진다.

　협동은 장기적으로 지속 가능한 성장과 긍정적인 관계 형성을 가능하게 한다. 협력을 통해 더 큰 성장을 이루게 되고, 혼자서는 외로웠던 공부와의 씨름에 대한 부담을 마치 함께하는 게임처럼 즐겁게 해낼 수도 있다. 다만 공부하면서 의지했던 친구와 다툼이 일어나거나 실력 차이가 너무 많이 나는 협동을 한다면 공부 진도 조율 등의 어려움이 발생할 수 있으며, 목표달성이 어려워지는 경우도 생긴다.

　이를 방지하기 위해서는 애초에 본인의 실력과 비슷하면서도 비교우위를 생각해 봤을 때에, 나의 장점으로 도움이 될 수 있는 친구, 친구의 장점으로 내가 도움을 받을 수 있는 경우 두 가지 모두 만족할 수 있는 학업 파트너를 선정하여야 할 것이다.

그리고 역시 협동을 통한 성장은 혼자 단기 완성을 위하여 미친 듯이 몰입하는 경쟁에 의한 성장보다는 성취의 가시성이 뒤늦게 발현된다. 빠른 시간 내에 성장이 눈에 보이지는 않는다는 의미다. 이 친구랑 같이 공부하는데 도무지 답이 없어... 몇 달을 해도 우리는 가망이 없어라고 자책하기보다는, 이것이 장기적으로 도움이 되는 것임을 인식하고 어렵겠지만 경쟁형 공부방식과 협동형 공부방식을 적절히 조율하여 선택하는 것이 필요하다고 느껴진다.

자신의 성장 스타일을 먼저 파악하자. 그리고 나서 나의 처한 상황에 맞게 경쟁과 협동의 균형을 맞추면서 성장하다. 결국 성장도 "내"가 하는 거니까. 친구가 정말 없는데 꼭 친구 만들어야 하나요? 아니요. 친구들이랑 하는데 혼자 해야 하는 걸까요? 몰라요. 기억하자 선택은 내 몫이다.

아무도 내 인생을 대신 살아 주지 않는다. 저자인 내가, 강사인 내가 할 수 있는 것은 정답을 알려 주는 것이 아닌 도움을 주는 것이라는 것을 기억하자.

⟨에필로그⟩
지-적 행복에 도달하자.

어느 휴게실을 들러 화장실에서 급하게 볼일을 보던 나는 문득 소변기 앞 거울에 비친 거울 속 수염과 안경에 놀랐다. 화장실 인테리어로 거울 스티커를 붙인 것이었다. 손을 씻고 나가면서 한 문구를 보고 더 놀랐다. 화장실에는 전혀 어울리지 않다고 느꼈던 문구가 오늘 마무리하는 이 책에는 정말이지 어울려서 인용해 본다.

"배우면 배울수록 그것을 더 알아야 한다 생각하고" "모르면 모를수록 몰라도 그만이겠거니 생각한다"는 뉘앙스의 글 - 어느 휴게실 화장실에서 본 글(이지만 혹시나 해서 찾아보니 SNS 공감시인 하상욱 님이 한 말을 인용한 것이었다). 이 글이 책에 정말이지 필요한 것 같아서 적는다.

지금까지 당신은 200쪽가량 되는 책을 나와 함께 읽으며 기존의 교육 공부 관련 베스트셀러에서는 읽어 보지 못했을 평범한 사람이 쓴 공부에 대한 고찰의 글을 감상했다. **우리는 공부에 대하여, 대체 그것을 왜 하는지, 공부는 어떻게 해야 나에게 맞을지 알아봤고, 학교와 학원에 대해서도 당신 스스로의 상황에 비추어 판단하고 교육기관을 결정하는 방법을 익혔다.** 과목별로 공부하는 꿀팁에 관하여서도 생각해 볼 좋은 경험을 했을 것이다.

대학교를 가는 가장 쉬운 방법이 꼭 고등학교 때 열심히 하는 것만은 아님을 깨닫게 되었고, 더 쉬운 편입이라는 방법으로 적은 돈으로 시간을 아끼면서 대학을 진학하는 방법에 대해서도 조금이나마 알게 되었다.

지잡대라고 놀림받던 지방대학이 사실은 성공의 길로 이끌어 줄 수 있는 등용문일 수도 있다는 관점의 전환을 하게 되었고, 모든 상황에서 장단점을 찾아서 장점을 단점을 커버하는 수준까지 활용해서 성공에 귀속시킬 수 있는 지혜도 얻었으리라 믿는다.

누구 말대로 배움에는 끝이 없다는 생각이 든다. 당신도 배움에 입단한 사람이 되었다. 적어도 많은 내용을 요약해서 말하는 것을 좋아하는 나와 함께한 이 시간 동안 공부에 관하여 교육에 관하여 대한민국 상위 1퍼센트의 관심을 지닌 열성가가 된 것에 축하한다.

지방대에서, 편입을 도와주는 동생과 이야기를 나누다가 동생이 문득 "형님 서울대생들은 9급 공무원을 준비하는 게 맞을까요, 아니면

5급 특채를 노리는 게 나을까요?" 물어본 적이 있었다. 반대로 질문하는 것을 좋아하는 나는 그 친구에게 그러면 고졸인 사람은 9급을 준비해야 할까?라고 물었더니 당연히 9급 준비해야죠라고 대답을 하더라.

서울대생이 무엇을 준비하든 그것은 본인의 결정이고 본인 맘이다. 이 책을 읽기로 결정한 것도 당신의 마음대로 결정한 것이기에 선택에 따른 책임도, 선택의 기쁨도 오로지 당신 한 사람의 몫이다. 서울대생이라고 9급 준비하지 말라는 법 없듯이 고졸이라고 꼭 9급 공무원 시험이 답은 아니다. 물론 선택의 폭은 학벌이 좋을수록 넓어질 수는 있다.

간혹 어떤 사람들은 추론요법을 굉장히 좋아한다. 위의 대화를 듣는다면 님, 서울대를 졸업해서 공부를 잘하는 걸까요 공부를 잘해서 서울대에 간 것일까요? 묻는다. 그 누군가가 정한 대답은 당연히 공부를 잘하니까 서울대에 간 것이라는 거겠지만 난 솔직히 모르겠다. 공부를 할 만한 최적기라는 것이 존재할까? 과연 누가 공부를 꼭 이 나이대에 하라고 정한 것도 아닌데 왜 성인이 되면 공부는 필요 없는 것이라고 내팽개칠까 난 그게 매우 안타깝다.

그런 대화를 나누다 보면 문득 너무 피곤해져서 그냥 우리 다 같이 행복하게 살자라고 말한다. 행복... 분명히 공부를 통해서도 우리는 지적 행복에 다다를 수 있다. 책에서 지겹도록 강조한 것은 결국 이유를 알고 공부하는 것, 관심을 갖고 나아가는 것이다. 호기심 유지야말로 관심 있는 것은 전문가로 거듭나도록 실력을 기르게 되고, 익숙한 것에서 벗어나 다양한 주제들을 탐구하며 사고의 폭을 넓힐 수 있는 좋은 습관이다.

이런 관심의 유지를 통해 우리는 공부를 단지 학창 시절에 대학 가기 위해 지겹지만 참고 해내는 어려운 것이 아니라, 평생을 나의 성장과 발전에 도움을 줄 영양제, 아이템 같은 존재로 인식을 바꿔 나갈 수 있다. 시험이라는, 대학이라는, 경쟁이라는 틀에 얽매이지 않는 열린 사고를 유지하도록 도와주는 것이 학습에 대한 관심이다.

지적 활동을 통해 이것을 하는 이유를 찾고, 이유들을 내 삶과 연관시켜 결국에는 재미를 느끼게 하는 것이 바로 이 책의 목적이다. 공부를 더 이상 지겨운 것으로 느끼지 않게 되었을 때, 내 삶에서 내가 공부하는 이유를 내 입으로 시인할 수 있게 되는 날이 오기를 바라는 것이 저자인 나의 바람이다.

지금까지 당신에게 공부에 관한 이야기를 할 수 있어서 영광이었다. 학생인 당신의 앞으로의 학습인생을 응원하겠다! 학부모인 당신의 자녀교육을 위한 헌신에 감사드립니다! 이 책을 읽은 학부모인 당신은 이미 당신의 전교 1등 자녀(지금은 아니어도 언젠가는 될 수 있는)보다 분명히 똑똑합니다...!

마무리하며.

책을 출판할 수 있도록 전폭적인 지원을 해 주신 위대하신 우리 부모님, 사랑하는 어머니께 감사드린다. 학창 시절 교육에 있어서 부모님의 역할이 굉장히 중요한 만큼 돌이켜 보면 우리 부모님, 특히 어머니께 많은 지원과 사랑을 주시고 아들이 자랑스러우시면서도 교만해질까 봐 절제를 가르치시며 격려해 주신 그 교육 덕분에 지금까지 잘 성장해 온 것 같다.

교육 관련 담화의 시간을 통해 책의 내용을 구성하는 데 힘을 보태 주신 많은 교수진들께 감사드린다. 이메일로 이것저것 물어보는 과정을 통해 내게 영감을 주신 서울대학교 교육학과 교수진분들과 연세대학교 학부시절 가르쳐 주셨던 교수님들, 그리고 학원 관련 이야기에서 항상 나와 함께 가르치는 것에 대해 고민을 나눴던 전현직 직장동료들에게 고맙다고 전하고 싶다.

2012년 고등학교를 입학했을 때, 지금의 '학생부 종합전형'의 전신인 '입학사정관제'가 출범하였고 고1 때부터 종합전형만을 위한 스펙 및 전인교육을 병행하며 고등학교 생활을 하였다. 하지만 현역 수험생 시절, 꿈꾸던 "교육대학교"는 내신이 1점대가 아니라는 이유로 최종 불합격했고, 전혀 준비하지 않았던 연세대학교는 인문논술 높은 경쟁률을 뚫고 합격하여 전액 장학생으로 졸업했다.

2024년 현재, 12간지가 한 바퀴 돌고 지나 지난 꿈이었던 교육대학교 입학은 입시결과가 말해 주듯 수시전형 지역인재전형은 수능 최저를 맞춘 등록자가 모집인원의 4분의 1도 안 되는 참혹한 결과를 보이기도 했고, 합격자 평균 내신등급도 2014년 기준 1.8~2.1에서 2024년 현재 3점대까지 떨어지는 학교도 생긴 만큼 명문대학교와 높은 등급의 학교의 지형이 완전히 바뀌었다. 10년이면 강산이 변한다지만 이 정도일 줄은 몰랐다. 학생이던 시절은 더더욱 몰랐다.

대학교 1학년 시절 행정학 수업(연금개혁 등에 대한 조사과제)을 하던 중, 국민연금 고갈에 관해 자료조사를 진행하면서 공무원 연금에 대하여도 살펴보다 문득 '교육직 공무원'의 비정규화에 대한 쏟아지는 여러 기사들을 보면서 대충 교사라는 직종의 인기가 앞으로 점점 식을 것이라고 예측했다. 학생부 종합전형의 경우 약 5년 전쯤부터 내신을 평가하는 정량적인 기준보다는 종합적으로 학생을 판단하는 정성적인 평가가 이루어지는 것 같아서 내가 고교 시절 추구했던 3개년의 고등학교 생활에 대한 인정을 받는 듯 대리만족을 느끼고 있다.

　아무리 교육은 백년지대계라지만 정책은 실질적 적용까지의 시차가 존재한다. 입학사정관제가, 학생부 종합전형이 제대로 평가되기 시작한 지 5년이 채 되지 않았다. 하지만 그것을 시행하기 시작한 것은 12년 전이다. 이번 의대증원 이슈도 사실 다가오지 않은 내년의 일이지만 나는 겁난다. 분명히 이것이 인원이 늘어나고 휴학생이 많아진 여파로 수업 편성에 어려움이 따른다는 것을 빼고 보더라도 굉장히 혼란스러울 상황이기 때문이다.

　우리나라의 머리 좋고 공부 잘하는 수재들이 모두 이 직종에 몰린다는 것이 정말 안타깝다. 결국 돈이다. 그들이 공부하는 이유는 결국 돈이다. 하지만 우리는 그 이유 때문에 공부하지는 말자. 10년 후 대학의 판도도 알아내기 힘든 것이 우리다. 12년 전까지만 해도 지방 의대 추가합격 할 정도의 성적이 교육대학교 합격 평균 성적이었음을 기억하자. 교육은 더 이상 성공을 위하여 혹은 취업을 위한 도구로써 사용되면 안 된다. 교육은 경쟁의 측정을 위한 도구가 되어서는 안 된다. 교육은 삶이 되어야 한다. 그리고 그 삶의 주인공은 바로 당신이다. 책을 읽기를 마친 당신이 공부에 대하여, 대학에 대하여 긍정적인 영향만을 받기를 기도하며 마친다.

　　　　　　2024년 12월, 3층상가주택의 꼭대기층에서 적음.

추천사

목표를 이루는 것과 목표를 잃는다는 것이 다를 게 없구나 느끼는 요즘이다. 한계에 다다라서 꿈을 포기해 버리고 그렇게 목표를 잃는 것과, 목표를 이룬 후 더 큰 꿈이나 또 다른 도전을 하지 않는 결과물인 '공허함'이라는 감정은 잃는 것과 이루는 것이 차이가 없다는 것을 보여 준다.

많은 학생들이 공부를 수단으로, 대학과 취업을 목표로 잡고 공부한다. 대학이라는, 취업이라는 목표가 이루어지면 혹은 꿈을 잃으면 공부라는 것은 필요 없어지는 것이 될까?

책은 공부를 단지 수단, 강제로 하는 것이라는 고정관념에서 벗어나 왜? 공부를 하는지에 대하여 가장 쉽게 적은 책이다. 누구나 공부히는 이유는 제각긱이겠지만 이 책의 내용은 분명 우리 모두에게 공통으로 적용될 교육철학이다.

책은 전교 1등 우등생에게도, 공부를 시작하기 두렵거나 혐오하는 학생에게도 도움이 될 것이다. 분명 이 책은 공부라는 바다에서 항해하는 학창시절이라는 배에 튼튼한 돛, 길잡이, 네비게이터가 될 것이라고 확신한다.

- 저자와 함께한 교육자 일동